能源与电力分析年度报告系列

2020

国内外能源与电力发展比较分析报告

国网能源研究院有限公司 编著

中国电力出版社

CHINA ELECTRIC POWER PRESS

内 容 提 要

　　《国内外能源与电力发展比较分析报告》是能源与电力分析年度报告系列之一，主要对历年世界能源与电力发展环境进行分析，对主要国家的能源与电力发展情况及能源转型情况进行比较，对权威机构关于中长期能源与电力发展的预测结果进行对比分析，并就年度相关热点问题开展专题研究，为关注能源行业发展的领导专家、能源行业从业人员及其他读者提供借鉴和参考。

　　本报告在广泛汇集世界主要能源相关统计机构信息与研究成果的基础上，采用比较分析的方式，研究主要国家能源与电力发展的特点和热点问题。报告全面分析了 2019 年世界能源与电力发展宏观环境；分析了世界能源发展总体情况，并对主要国家能源发展及关键指标进行了比较分析；分析了世界电力发展总体情况，并对主要国家电力发展及关键指标进行了比较分析；构建了能源转型评价模型，对主要国家十年能源转型进行了对比分析；对权威机构关于中长期世界能源与电力发展的预测结果进行了比较分析；对氢能、海上风电、生物质发电、农村能源转型等热点问题进行了国内外比较研究。

　　本报告适合能源电力行业从业者、国家相关政策制定者及科研工作者参考使用。

图书在版编目（CIP）数据

　国内外能源与电力发展比较分析报告 .2020/国网能源研究院有限公司编著 .—北京：中国电力出版社，2020.11

　（能源与电力分析年度报告系列）

　ISBN 978 - 7 - 5198 - 5150 - 7

　Ⅰ.①国…　Ⅱ.①国…　Ⅲ.①能源发展－研究报告－世界－2020　②电力发展－研究报告－世界－2020　Ⅳ.①F416

中国版本图书馆 CIP 数据核字（2020）第 226049 号

审图号：GS（2020）6649 号

出版发行：中国电力出版社

地　　址：北京市东城区北京站西街 19 号（邮政编码 100005）

网　　址：http：//www.cepp.sgcc.com.cn

责任编辑：刘汝青（010-63412382）　董艳荣

责任校对：黄　蓓　于　维

装帧设计：赵姗姗

责任印制：吴　迪

印　　刷：北京瑞禾彩色印刷有限公司

版　　次：2020 年 11 月第一版

印　　次：2020 年 11 月北京第一次印刷

开　　本：787 毫米×1092 毫米　16 开本

印　　张：11.75

字　　数：160 千字

印　　数：0001—2000 册

定　　价：88.00 元

能源与电力分析年度报告

编 委 会

主 任　张运洲

委 员　吕　健　蒋莉萍　柴高峰　李伟阳　李连存

张　全　王耀华　郑厚清　单葆国　马　莉

郑海峰　代红才　鲁　刚　韩新阳　李琼慧

张　勇　李成仁

《国内外能源与电力发展比较分析报告》

编 写 组

组　长　李琼慧

主笔人　闫　湖　李梓仟

成　员　黄碧斌　冯凯辉　时智勇　李娜娜　叶小宁

胡　静　王彩霞　洪博文　袁　伟　陈　宁

刘文峰　李钦淼　李江涛　张　宁　翁玉艳

在当前应对气候变化和保障能源安全的形势下，世界能源发展呈现低碳、多元、清洁的特点。中国能源发展与世界各国的联系日益紧密，互动性不断增强，依存度日益提高。为了构建清洁低碳、安全高效的现代能源体系，有力推动经济社会的可持续发展，需要客观认识世界能源与电力的发展形势，及时了解世界各国的发展动态和经验教训，准确把握世界能源与电力发展的趋势。

《国内外能源与电力发展比较分析报告》是国网能源研究院有限公司推出的"能源与电力分析年度报告系列"之一，是基于国内外能源相关统计和研究机构发布的年度数据，利用自主开发的"国际能源电力统计分析平台"，在比较研究世界及主要国家能源与电力发展情况的基础上形成的。本报告力求能够为关注能源行业发展的领导专家、能源行业从业人员及其他读者提供借鉴和参考。

本报告采用国内外能源相关统计和研究机构发布的最新数据，数据来源包括国际能源署（IEA）的在线数据库和《世界能源展望》、联合国的《能源统计年鉴》、英国石油公司（BP公司）的《BP世界能源统计》、日本能源经济研究所、中国国家统计局、中国电力企业联合会及部分电力公司等。此外，本报告还参考了国外其他电力协会或机构、各国统计机构的相关数据。

本报告共分为6章。第1章主要阐述并分析了2019年世界及主要国家的宏观经济形势、能源电力投资和能源政策动态；第2章全面分析了世界能源发展现状，重点对主要国家的一次能源消费、终端能源消费、能源生产、能源贸易、能源环境等方面，以及人均一次能源消费量、单位产值能耗、能源对外依存度和碳排放强度等关键指标开展了对比研究；第3章全面分析了世界电力发展现状，重点对主要国家的电力消费、电力生产、发电成本、大电网互联等方面，以及人均装机及用电量、厂用电率与线损率、发电能源占一次能源消费比重、电能占终端能源消费比重等关键指标开展了对比研究；第4章从能源结构、能源效率、能源安全、能源公平4个维度构建能源转型指数，对十大能源消费国❶进行十年能源转型对比分析；第5章对比分析了世界主要能源统计研究机构对中长期国内外能源与电力发展的预测结果；第6章就能源电力发展热点问题开展了国内外对比专题研究，专题一对比研究国内外氢能产业发展政策和产业链，研判中国氢能产业发展趋势；专题二对比研究国内外海上风电发展形势及技术经济特性，预测中国海上风电发展前景；专题三对比研究国内外生物质发电发展形势，总结国外经验及对中国的启示；专题四以中国某县为案例，分析中国农村能源转型的路径。

本报告概述部分由闫湖主笔，国内外能源与电力发展环境分析部分由李梓仟、闫湖主笔，国内外能源发展比较分析部分由闫湖主笔，国内外电力发展比较分析部分由李梓仟、闫湖主笔，主要国家能源转型比较部分由闫湖、李梓仟主笔，权威机构关于能源电力发展预测部分由闫湖主笔，专题研究部分由冯凯辉、时智勇、李娜娜主笔。全书由闫湖统稿，李琼慧、黄碧斌校核。

在本报告的编写过程中，得到了能源、电力领域多位专家的悉心指导，在此表示衷心感谢！

限于作者水平，虽然对书稿进行了反复研究推敲，但难免仍会存在疏漏与不足之处，恳请读者谅解并批评指正！

编著者

2020 年 10 月

---

❶ 根据 BP 数据，2019 年世界能源消费总量排名前十国家是中国、美国、印度、俄罗斯、日本、加拿大、德国、巴西、韩国和伊朗。

目　录
CONTENTS

概　　述

2019 年是世界能源发展历程中具有鲜明特点的一年，世界经济增速放缓至近十年来最低水平，一次能源消费增长低于近十年平均水平，非化石能源占比持续提高，能源消费持续向清洁低碳转型。同时，发达国家与发展中国家的能源电力发展差异化特点越发显著，发达国家能源电力结构调整加快，发展中国家已成为能源电力消费增长的生力军等。因此，本报告不仅对世界能源与电力发展总体情况进行历史十年纵向分析，而且还力求在横向上对十大能源消费国能源与电力发展的重点方面、关键指标、转型指数和热点问题进行对比研究。

（一）2019 年国内外能源与电力发展环境

（1）世界经济增速放缓至近十年最低水平，发达经济体经济增速明显低于新兴市场与发展中经济体。2019 年，世界经济增速为 2.9%，较 2018 年下降 0.7 个百分点。其中，发达经济体经济增速为 1.7%；新兴市场与发展中经济体经济增速为 3.7%。2019 年，全球贸易增速为 0.9%，较 2018 年下降 2.9 个百分点。其中，发达经济体出口同比增长 1.2%，新兴市场与发展中经济体出口同比增长 0.8%。

（2）世界化石燃料投资仍然活跃，电力投资向清洁电源投资倾斜。2019 年，上游油气投资同比增长 2%，大规模油气项目获批；中下游投资活跃，炼油投资超过 500 亿美元，连续第三年增长，LNG❶ 项目投资创历史纪录。2019 年，煤炭供应投资约 900 亿美元，同比增长 15%。2019 年，全球电力投资 7600 亿美元，同比下降 2%，燃煤发电投资同比下降 6%，为近十年最低水平，燃气发电投资支出有所增加，核电投资小幅上升，可再生能源发电投资同比上升 1%。

（二）2019 年国内外能源发展主要特点❷

（1）世界一次能源消费增长放缓，80% 的增量由发展中国家贡献，中国一

---

❶ LNG，液化天然气。
❷ 部分最新数据是 2018 年的，下同。

次能源消费总量占世界的比重达到 24%。2019 年世界一次能源消费增长仅为 1.3%，低于过去十年的平均增速（+1.6%），中国、美国、印度是世界前三能源消费大国。2019 年，中国能源消费增速由 2018 年的 3.8% 增长至 4.4%，达 2012 年以来最高增速，中国一次能源消费量达到 48.35 亿 tce❶，占世界一次能源消费总量的 24%。

（2）世界人均一次能源消费小幅增长，国家间差异较大，中国人均一次能源消费量是美国的 1/3。 2018 年，世界人均一次能源消费量为 2.69tce，同比增长 1.5%，近十年年均增长 0.3%。OECD❷ 国家人均一次能源消费量为 5.89tce，非 OECD 国家人均一次能源消费量为 1.93tce。世界十大能源消费大国中，加拿大人均一次能源消费量最高，为 11.48tce；印度人均水平较低，仅为 0.97tce；美国人均为 9.73tce，中国人均为 3.28tce，约为美国的 1/3。

（3）发展中国家单位产值能耗普遍高于发达国家，中国单位产值能耗是 OECD 国家的 2.2 倍。 2018 年世界单位产值能耗为 0.249tce/千美元，较上年略有下降。OECD 国家单位产值能耗为 0.153tce/千美元，非 OECD 国家为 0.380tce/千美元。伊朗、俄罗斯单位产值能耗高，分别为 0.870、0.763tce/千美元。美国、德国、日本单位产值能耗最低，仅为 0.1tce/千美元左右。中国单位产值能耗 0.341tce/千美元，十年间下降比例超过 30%。

（4）德国、韩国、日本能源对外依存度较大，中国处于中游。 2018 年，在世界十大能源消费国中，俄罗斯、加拿大、伊朗、巴西是能源净出口国家，能源对外依存度为负；美国能源对外依存度仅为 3.6%；印度能源对外依存度为 37.8%，较上年有所上升；德国、韩国、日本能源对外依存度均超过 60%，其中日本最高，超过 90%。2019 年中国石油对外依存度达 70.8%，天然气对外依存度为 43%，总体能源对外依存度达到 21.9%，需要多措并举化解面临的能

---

❶ tce，吨标准煤。

❷ OECD，经济合作与发展组织，详见附录 1。

源安全风险。

（5）全球碳排放增速放缓，中国是十大主要能源国家中碳排放强度下降幅度最大的国家，十年间降幅超过 36%。2019 年全球 CO_2 排放量为 341.69 亿 t，同比增长 0.5%，低于近十年年均 1.1% 的增速。中国的碳排放强度由 2008 年 1.1kg CO_2/美元下降到 2018 年 0.7kg CO_2/美元，十年间降幅超过 36%。

（三）2019 年国内外电力发展主要特点

（1）世界电力消费量排名前三的中国、美国、印度均已超过 1 万亿 kW·h，排名前十的国家电力消费合计占比近 70%。2019 年世界电力消费量为 23.0 万亿 kW·h，同比增长 2.0%，增速较 2018 年下降 1.6 个百分点。2019 年世界十大电力消费国依次为中国、美国、印度、日本、俄罗斯、巴西、韩国、加拿大、德国和法国，消费电量总计 16.0 万亿 kW·h，占世界总消费电量的 69.4%。其中，中国、美国和印度的电力消费量均已超过 1 万亿 kW·h。

（2）世界新能源装机持续提升，中国、美国是引领者，风光装机分别达到 4.1 亿 kW 和 1.9 亿 kW。2019 年世界火电装机占比为 58.1%，比 2018 年下降了 1.1 个百分点；非水可再生能源装机占比为 17.6%，比 2018 年上升了 1.4 个百分点。2019 年，世界风电装机为 6.5 亿 kW，排名前三国家分别为中国（2.1 亿 kW）、美国（1.1 亿 kW）、德国（0.6 亿 kW）；世界光伏发电装机 6.0 亿 kW，排名前三国家分别为中国（2.0 亿 kW）、美国（0.8 亿 kW）、日本（0.6 亿 kW）。

（3）发展中国家人均装机及用电量增长快速，但仍远低于发达国家，中国人均用电量约为美国和加拿大的 1/3。近十年来中国人均装机保持了快速增长，年均增速为 9%，2018 年达到 1.36kW，但仍不足美国、德国等发达国家的 1/2。近十年中国人均用电量年均增速 7.2%，2018 年达到 4906kW·h，但仍远低于发达国家，为日本的 61%、美国的 37%、加拿大的 32%。

（4）发达国家线损率和厂用电率远低于发展中国家，中国线损率已接近世界先进水平。2018 年，OECD 国家线损率为 5.81%，远低于非 OECD 国家

11.68%的线损率，中国线损率为 6.27%。2018 年，世界厂用电率平均为 5.06%，中国厂用电率为 4.69%，厂用电率已超过世界平均水平。

（5）发达国家发电能源占一次能源消费比重较高，中国已接近发达国家水平。2018 年，世界发电能源占一次能源消费比重为 37.5%，其中 OECD 国家为 39.4%，非 OECD 国家为 38.1%。2018 年，法国、中国、韩国、日本发电能源占一次能源消费比重都超过了 40%，其中法国高达 52.4%。印度、美国、德国、俄罗斯、加拿大发电能源占比也都超过 30%。巴西发电能源占比最低，为 24.3%。中国为 45.4%，已接近发达国家水平。

（6）中国电能占终端能源消费比重达到 25.1%，仅次于日本和韩国，居世界第三位。2018 年，世界电能占终端能源消费比重平均为 19.3%，其中日本最高，达到 28.7%；韩国、法国分别为 25.1%、25.0%；中国电能占终端能源消费比重为 25.1%，高于世界平均水平 5.8 个百分点。发展中国家巴西、印度、俄罗斯的电能占终端能源消费比重相对较低，分别为 19.4%、17.0%、12.7%。

（四）主要国家能源转型比较

基于对能源转型规律的认识，结合国际主流机构能源转型评价方法，从能源结构、能源效率、能源安全、能源公平 **4** 个维度出发，构建全球能源转型指数（ETI），体现清洁低碳、优质高效、安全可靠和成本可控。选取十大能源消费国（中国、美国、印度、俄罗斯、日本、加拿大、德国、巴西、韩国和伊朗），进行 2008－2018 年十年能源转型情况评价分析。

（1）发达国家能源转型指数总体高于发展中国家，2008－2018 年间中国能源转型成效最为显著。发达国家加拿大、韩国、日本、德国、美国能源转型指数较高，在 0.6 以上（上限为 1.0），其中加拿大是十大能源消费国能源转型指数最高的国家（ETI＝0.659）。发展中国家中国、印度、俄罗斯能源转型指数在 0.5 左右，十年间中国能源转型指数提高了 10.7%，是十大能源消费国能源转型指数增长最快的国家；伊朗能源转型指数在十大能源消费国中最低，约为 0.4。

（2）主要国家十年间在能源结构、能源效率、能源安全、能源可负担方面表现各有不同。能源结构方面，中国、德国由于大力发展可再生能源，能源结构调整成效最为显著；能源效率方面，发达国家处于较高水平，尤其是德国、日本；能源安全方面，各国能源自给水平分化严重，中国石油和天然气对外依存度十年间分别攀升 17 个百分点和 37 个百分点，能源自给率下滑 10 个百分点，而美国通过实施能源独立战略，能源自给率大幅提升，由低于中国 16 个百分点变为高于 17 个百分点，石油对外依存度大幅下降 22 个百分点，天然气转为净出口国家；能源可负担方面，各国电价总体保持平稳，德国电价受新能源快速发展影响出现了较快上涨，各国油气价格总体呈下降趋势。

（五）权威机构关于能源电力发展预测

（1）2040 年世界一次能源需求将达到 253 亿～286 亿 tce 左右，发达国家一次能源需求基本保持不变，发展中国家和新兴经济体国家年均增速为 1.4%～2.0%。综合各机构预测值，2040 年世界一次能源需求将达到 253 亿～286 亿 tce。其中，煤炭占比为 19.7%～23.7%，石油占比为 26.6%～30.2%，天然气占比为 21.8%～26.1%，核电和水电占比分别为 4.2%～5.1% 和 2.5%～7.0%，生物质能占比约为 10%，风能、太阳能、地热能等其他可再生能源占比将超过 7%。2018—2040 年，发达国家一次能源需求增速为 -0.3%～0.3%，发展中国家和新兴经济体年均增速为 1.4%～2.0%。

（2）世界能源投资需求持续增加，由化石燃料向可再生、能效及低碳技术转变，亚太地区电力投资需求强劲。世界能源投资需求持续增加，2019—2040 年累计投资将达到 58.8 万亿美元，节能投资占比越来越大，将提高 10.2 个百分点，可再生能源投资在 2025 年后开始下降，主要是由于成本下降。2019—2040 年全球电力累计投资需求将达到 20.37 万亿美元，其中，亚太地区电力投资需求最大，占全球总投资需求的 47.4%。

（六）专题研究

国内外氢能产业发展对比研究：从国外来看，欧美发达国家高度重视和支持氢能产业发展，将其作为能源创新与再工业化的重要着力点，以壳牌、BP、道达尔为代表的世界石油巨头在氢气制取、储运及加氢站建设等方面，已有丰富的实践案例。从国内来看，国内氢能产业政策导向及产业定位逐渐明朗，国家层面发展规划正在制定之中，26家中央企业依托技术和资源优势纷纷布局氢能产业技术研发，集中在装备制造、电力电网和石油化工公司三大领域。就氢能产业关键环节技术发展而言，在制氢环节，国内外以化石能源制氢为主，电解水制氢是研究和应用热点；在储运氢环节，高压气态储氢是国内外应用最为广泛的储氢技术，但液氢储运国外已实现商业化，国内仅应用在航天领域；在用氢环节，国外燃料电池汽车应用以乘用车为主，国内以商用车为主；国外燃料电池发电技术已实现商业化应用，国内技术水平落后，也缺乏相关标准和政策。

国内外海上风电发展对比研究：世界海上风电主要集中在欧洲和中国，2019年欧洲和中国装机容量合计占世界的98.7％。从欧洲来看，作为世界海上风电开发的先行者，在装机规模和技术水平上均处于世界领先地位，当前欧洲海上风电发展主要趋势包括单机机组向更大容量方向发展，10MW及以上风电机组成为各制造商的战略机型；海上风电场向更深、更远海域拓展；海上风电平准化度电成本延续下降态势等。从中国来看，近年海上风电发展迅速，成为仅次于英国和德国的世界第三大海上风电国家，去补贴、提高设备可靠性以及提升装备国产化水平是当前我国海上风电发展面临的主要问题。展望"十四五"，我国海上风电装机规模将居全球首位。布局方面，将形成不同规模等级的海上风电基地，其中江苏、广东有望建成集中连片的千万千瓦级海上风电基地。技术经济方面，预计"十四五"末，风资源较好、造价偏低的局部海域基本实现平价。

国内外生物质发电发展对比研究：从国外来看，美国、日本等发达国家结合本国生物质资源积极出台生物质能利用政策，欧洲各国大力推动生物质热电联产，将生物质供热作为重要方向。从国内来看，中国生物质资源丰富，近年来生物质发电增长快速，建设布局主要分布在中东部地区和"三北地区"❶，未来生物质发电重点领域包括生物质热电联产将成为高质量服务乡村振兴战略的重要方式、生物质发电与非电利用协同发展程度将进一步提升、生物质发电将作为分布式能源系统重要组成部分优化可再生能源发电质量与效率。促进我国生物质发电规模化发展需要在完善政策保障体系、制定新形势下行业政策、加强技术支持力度等方面积极发力。

国内外农村能源转型——中国篇：以中国东部地区某县域为切入点，结合当地能源资源禀赋、能源消费需求等，研究县域农村能源转型路径，并提出促进我国典型农村地区能源转型相关建议，包括因地制宜开发利用当地丰富的可再生能源资源，积极发展能源农业，谋求能源、农业和生态的多赢，积极发挥试点示范作用，加强农村地区能源工作的组织管理等。

---

❶ 华北、西北、东北地区。

1

2019 年国内外能源与电力发展环境分析

1.1 宏观经济形势

1.1.1 总体形势

2019 年世界经济生产总值增速同比下降 0.7 个百分点。 国际货币基金组织（简称 IMF）数据显示，2019 年世界经济增长 2.9%，同比下降 0.7 个百分点。其中，发达经济体经济增速为 1.7%，同比下降 0.5 个百分点；新兴市场与发展中经济体经济增速为 3.7%，同比下降 0.8 个百分点。2011—2019 年世界及主要国家和地区经济增长率如表 1-1 所示。

表 1-1 　　　　2011—2019 年世界及主要国家和地区经济增长率　　　　%

国家（地区）	2011 年	2013 年	2014 年	2015 年	2016 年	2017 年	2018 年	2019 年
世界	4.3	3.5	3.6	3.4	3.4	3.8	3.6	2.9
发达经济体	1.7	1.4	2.1	2.3	1.7	2.4	2.2	1.7
美国	1.6	1.8	2.5	2.9	1.6	2.2	2.9	2.3
欧元区	1.6	−0.2	1.4	2.1	2.0	2.4	1.8	1.2
日本	−0.1	2.0	0.4	1.2	0.6	1.9	0.8	0.7
新兴市场与发展中经济体	6.4	5.1	4.7	4.3	4.6	4.8	4.5	3.7
俄罗斯	5.1	1.8	0.7	−2.5	0.3	1.6	2.3	1.3
中国	9.5	7.8	7.3	6.9	6.7	6.8	6.6	6.1
印度	6.6	6.4	7.4	8.0	8.2	7.2	7.1	4.2
巴西	4.0	3.0	0.5	−3.8	−3.3	1.1	1.1	1.1

数据来源：IMF《世界经济展望》，2020 年 4 月。

受全球贸易摩擦等因素影响，2019 年世界贸易增速大幅下降。 IMF 最新统计数据显示，2019 年世界贸易量增长 0.9%，增幅较 2018 年下降 2.9 个百分点。其中发达经济体出口增速为 1.2%，新兴市场和发展中经济体出口增速为 0.8%，大幅下降 3.5 个百分点。2011—2019 年世界贸易增长率如表 1-2 所示。

表 1 - 2　　　　　　　　2011－2019 年世界贸易增长率　　　　　　　　%

国家（地区）		2011 年	2012 年	2015 年	2016 年	2017 年	2018 年	2019 年
世界贸易量（货物和服务）		7.3	3.1	2.8	2.2	5.4	3.8	0.9
出口	发达经济体	6.1	2.9	3.8	1.8	4.4	3.1	1.2
	新兴市场与发展中经济体	8.9	3.6	1.4	2.9	7.2	4.3	0.8
进口	发达经济体	5.3	1.7	4.9	2.5	4.3	3.3	1.5
	新兴市场与发展中经济体	11.6	5.4	− 1.0	1.8	7.5	5.6	− 0.8

数据来源：IMF《世界经济展望》，2020 年 4 月。

1.1.2　主要国家地区形势

（一）欧元区

2019 年欧元区经济增速创六年新低。受世界贸易及一些国家内部因素影响，欧元区 2019 年 GDP 增速降为 1.2%，比 2018 年下降了 0.6 个百分点。其中，需求方面，消费和投资增长基本稳定，外需疲弱；供给方面，工业增加值持续缩减，特别是制造业下行，拖累经济增长。但与此同时，欧元区劳动力市场持续向好，2019 年 12 月失业率降至 7.4%，为欧元区 2008 年 5 月以来的最低失业水平。在物价水平方面，2019 年欧元区通胀率总体呈先降后升趋势，10 月通胀率是全年最低点，为 0.7%，11 月和 12 月的通胀率分别为 1% 和 1.3%，全年通胀率平均值为 1.2%，同比下降 0.6 个百分点。

2019 年欧元区主要经济体经济温和增长，增速普遍下滑。2019 年，德国、法国、意大利、西班牙 GDP 增速分别为 0.6%、1.3%、0.3%、2%，较 2018 年分别下降了 0.9、0.2、0.2、0.5 个百分点，经济增速普遍下滑。

（二）新兴市场与发展中经济体

2019 年新兴经济体和发展中国家经济增速有所回落，GDP 增速为 3.7%，依然领先于世界经济总体增速，超过发达经济体增速的 2 倍。俄罗斯经济增速

11

下降，2019 年 GDP 增速为 1.3％，比 2018 年 2.3％的增速下降了 1 个百分点。2019 年中国继续深化供给侧结构性改革，优化营商环境，推进减税降费，虽然中美经贸摩擦给一些企业生产经营、市场预期带来不利影响，但影响有限，全年 GDP 增速为 6.1％，是世界增长最快的经济体；受干旱、洪灾等极端天气影响，2019 年印度 GDP 增速为 4.2％，经济增速大幅下降。得益于政府一系列振兴经济的措施，2019 年巴西经济连续第三年增长，GDP 增速为 1.1％，与 2018 年持平。

（三）美国

美国 2019 年 GDP 增速下降，为近三年最低。美国商务部的数据显示，2019 年第四季度美国 GDP 增速为 2.4％，比第三季度 2.6％的增速减少 0.2 个百分点，其中，占美国经济总量约 70％的个人消费增速下滑 1.1 个百分，反映企业投资状况的非住宅类固定资产投资较上一季度下滑 2 个百分点。2019 年全年美国 GDP 增速为 2.3％，较 2018 的 2.9％的增速下降 0.6 个百分点，为近三年最低。2019 年美国失业率持续走低，全年失业率平均值为 3.7％，为历史最低水平。

美国经济增长的动力主要来自个人消费和私人投资。消费者支出、非住宅类固定投资、进出口以及政府支出在 2019 年实现增长。占美国经济总量近 70％的消费者支出同比增长 2.6％，对经济增长的贡献达 1.64 个百分点。出口零增长，进口增长为 1.1％。住宅投资下降 1.5％，使经济增速下降了 0.07 个百分点。

（四）日本

2019 年日本经济复苏步伐放缓。2019 日本经济增速为 0.7％，较 2018 年下降了 0.1 个百分点，主要是从 2019 年 10 月 1 日开始的"消费税上调"使得日本民众的消费大幅缩减，进而导致企业生产和投资也同比萎缩。此外，还受世界贸易疲软，日本对韩国半导体企业断供，使得日本企业出口出现了下滑，影响了日本经济发展。

1.2　能源电力投资

受新冠肺炎疫情影响，2020 年世界能源投资预计比 2019 年下降 20%，减少约 400 亿美元，下降幅度和规模史无前例。IEA 预计 2020 年世界油气投资下降 32%，煤炭投资下降 15%，电力投资下降 10%，终端用能和节能投资下降 12%，如图 1-1 所示。从主要国家来看，由于第一季度强有力的防控措施和较早的复工复产，中国能源投资预计下降 12%，中国仍然是最大的能源投资市场，在世界能源投资趋势中发挥决定性作用；美国能源投资预计下降 25%，原因在于美国一半能源投资是化石燃料供应；欧洲能源投资预计下降 17%，分布式光伏、油气投资显著下降；其他油气主导的发展中国家受新冠肺炎疫情影响巨大。

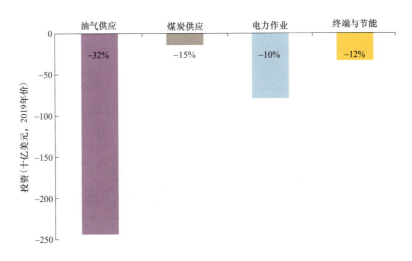

图 1-1　2020 年世界能源分部门投资及与 2019 年对比变化情况

2019 年化石燃料供应投资较为活跃，但预计 2020 年将暴跌，尤其是石油。受疫情影响供应商迅速消减了计划投资，IEA 预计 2020 年上游石油和天然气投资支出下降约 1/3，疫情所导致的停工扰乱了全球油气投资活动和供应链。而在此危机之前，2019 年上游油气投资同比增长 2%，大规模油气项目获批；

中下游投资活跃，炼油投资超过 500 亿美元，连续第三年增长，LNG 项目投资创历史纪录。2020 年煤炭供应投资虽然没有遭受石油那样剧烈波动，但低油价对燃料投资不利，煤炭供应投资同比下降 15％。而在 2019 年，煤炭供应投资约为 900 亿美元，同比增长 15％，中国是世界最大煤炭供应投资大国，占比近 2/3。

相比化石燃料投资剧烈波动，2020 年电力投资相对稳定，电力投资第五年超过油气供应投资。受疫情影响，2020 年世界电力投资下降 10％，为近十年来最低水平，但相对化石燃料供应投资下降幅度较小。如图 1-2 所示，2019 年，世界电力投资为 7600 亿美元，同比下降 2％，主要由于电网投资下降，资本向核电与可再生能源迁移，中国电力投资占世界比重超过 25％。2019 年，世界燃煤发电投资下降 6％，为近十年最低水平；燃气发电投资支出有所增加；核电投资小幅上升；可再生能源发电投资上升 1％，达 3100 亿美元；电池储能投资首次下降，同比下降 12％，为 40 亿美元，主要受成本下降影响；电网投资下降 7％，主要受中国电网投资下降 11％影响。

图 1-2　世界电力分技术投资情况

2019 年可再生能源发电投资小幅上涨 1％，风电和水电投资支出增加弥补了光伏投资支出下降。2019 年光伏成本下降 10％，成本下降意味着单位美元可以投资更多可再生能源。风电场升级改造已成为美国和欧洲重要投资领域，近三年美国和欧洲有 10％风电场进行升级改造，未来风电场升级改造投资将保持稳定增长态势，预计每年新增投资 100 亿美元。

2019 年世界电网投资下降 7%。如图 1 - 3 所示，2019 年世界电网投资下降到 2800 亿美元，同比下降 7%，其中美国投资强劲，而中国投资则大幅下降。2019 年，世界输电网投资下降 10%，主要由于中国和印度电网投资下降；世界配电网投资下降 6%。随着电网向数字化、智能化、分布式转变，数字化电网投资持续增加，占比近 20%，2019 年仅电动汽车充电设施投资就超过 50 亿美元。

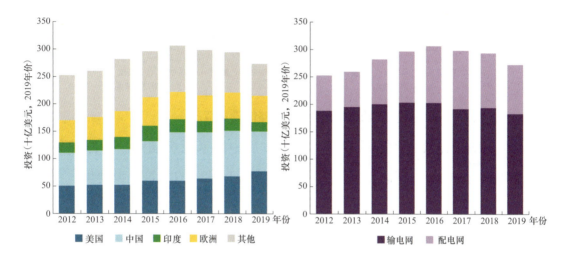

图 1 - 3 世界电网投资情况

2019 年储能投资首次下降，下降比例为 13%。如图 1 - 4 所示，2019 年储能投资超过 40 亿美元，电网侧储能投资下降 15%，用户侧储能投资下降 5%。除了澳大利亚和中东，2019 年世界各地区电网侧储能支出都出现了下降。韩国受 2018 年火灾事故影响，储能安全和标准有了更严格限制。中国因为储能没有纳入电网有效资产，电网企业对储能投资兴趣下降。2019 年世界用户侧储能投资减少与分布式光伏投资减缓有较大关联。中国和韩国储能投资支出减半主要是成本下降，有大量新进入者和制造商加入储能市场。

2019 年节能投资连续第三年保持平稳。2019 年，共计 2500 亿美元的资金投资于建筑、运输和工业部门的节能方面，与上年持平，如图 1 - 5 所示。2019 年节能投资支出最大的部门仍是建筑部门，投资支出 1510 亿美元，同比上升

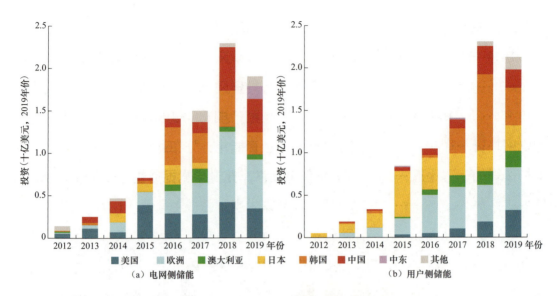

图 1-4　世界电池储能投资情况

2%，但仍低于建设速度（＋5％），新兴发展中国家投资强劲。中国建筑节能投资同比增长 10％，高达 300 亿美元，但仍低于 13％的建筑建设速度。美国建筑节能投资支出保持稳定，但实施建筑性能强制标准的州在增加，建筑节能投资支出预计未来会增加。欧洲建筑节能投资支出占世界的 2/5，欧盟声明到 2030 年年度建筑节能投资支出要达到 1770 亿美元。2019 年运输效率方面节能投资下降，主要因为世界汽车销量下降和高能效车的市场规模扩大。

图 1-5　世界节能投资情况

1.3 能源政策动态

1.3.1 化石能源开发相关政策

（一）美国正式开启退出《巴黎协议》流程

2019 年 11 月 4 日，美国政府正式通知联合国，要求退出应对全球气候变化的《巴黎协定》。美国国务卿蓬佩奥当天发表声明，宣布美国正式启动退出《巴黎协定》的程序。根据《巴黎协定》规定，该协定生效 3 年后（即 2019 年 11 月 4 日），缔约方才能正式要求退出，退出过程需要一年时间。这意味着，美国将于 2020 年 11 月 4 日起"准时"退出《巴黎协定》。

（二）德国宣布 2038 年退出燃煤发电

2019 年 1 月 26 日，德国煤炭退出委员会宣布将在 2038 年前关闭所有煤炭火力发电厂。同时委员会指出，2022 年德国煤电将减少到 30GW，2030 年减少到 17GW。此外，委员会还决定在 2023、2026 年和 2029 年重新审议进度，以便调整计划。

（三）南非政府希望在石油和天然气项目中拥有股份

2019 年 12 月 26 日，南非矿产资源和能源部发布石油和天然气立法草案。根据该草案，南非政府将有权获得 20% 的勘探和生产权附带权益，以促进该行业的发展。该政策还要求黑人合伙人至少拥有 10% 的参与权益，并成立石油机构。

（四）国际海事组织发布降低世界船舶燃油含硫量新规定

国际海事组织（IMO）发布降低世界船舶燃油含硫量新规定，世界石油和航运将迎来重大变化。根据新规定，自 2020 年 1 月 1 日起，世界船舶燃油含硫量从 3.5% 降至 0.5%，以减少二氧化硫的排放量。同时新规定推荐了 3 种应对方案：一是改用船用汽油或低硫燃油；二是继续使用高硫燃油并增加废气脱硫装置；三是改用 LNG 或其他替代燃料。

1.3.2 清洁能源发展调整政策

（一）美国能源部开展多项工作支持先进核能项目

2019 年 8 月 29 日，美国能源部副部长布鲁伊莱特表示，能源部全力支持先进核能项目。布鲁伊莱特概述了美国政府为支持先进反应堆开展的一系列实质性工作，包括：

（1）2019 年 6 月，美国任命有丰富的先进核能背景的巴兰瓦尔为能源部负责核能的副部长。

（2）建造沃格特勒核电站 3 号机组和 4 号机组。

（3）首个小型模块堆在爱达荷国家实验室选址，有望在 2026 年建成运行。

（4）宣布建立国家反应堆创新中心，加速先进反应堆的审批和商业化。

（5）最近两年投资 1.7 多亿美元，加速先进核反应堆技术的发展，包括支持三层各向同性碳包覆核燃料制造。

（6）与国防部合作，最早于 2023 年示范和部署微型反应堆。

（7）建造多功能试验堆项目。

（8）恢复爱达荷国家实验室瞬态反应堆试验设施的服务。

（9）为未来先进反应堆所需高丰度低浓铀燃料提供解决途径。

（10）致力于寻求生产高丰度低浓铀的长期解决方案。

（11）在 2018 年第九届清洁能源部长级会议启动"世界美好未来倡议"。

（二）欧洲推"绿色新政"

2019 年 12 月，欧盟发布《欧洲绿色新政》，新政提出了一项宏大目标：欧盟将在 2050 年成为首个"碳中和"区域。《欧洲绿色新政》的核心要素是推动欧洲社会向全方位绿色化、产业循环化、碳中和化方向转型，实现可持续发展。在未来的 30 年内，碳中和目标将贯穿欧盟所有政策领域，推动欧盟政策创新与发展，涉及能源、工业、生产和消费、基础设施、交通、粮食和农业、建筑、税收和社会福利等广泛领域，尤其是工业、能源、建筑业等高碳排放行业。

《欧洲绿色新政》是欧盟的一项长期发展战略，以实现碳中和为核心目标，包括八大领域的重大政策调整与变革：

（1）加快推进气候变化减缓进程，欧盟将调整 2030 年和 2050 年气候与能源框架中的减排目标。以 1990 年为基准年，将 2030 年中期减排目标从原定的 40％上调至 50％～55％，将 2050 年的 80％～90％减排目标上调为碳中和（100％）。

（2）提供清洁的、可负担的、安全的能源供应，将优先考虑提高能效目标，增加可再生能源发电比例，快速淘汰煤炭，对天然气进行脱碳化处理，推进能源系统的深度脱碳化进程。

（3）推动工业向清洁循环经济转型。在数字经济发展的大潮下，欧洲必须充分挖掘数字转型的潜力，在发展欧盟清洁循环经济中获益。

（4）倡导建筑业翻新，进一步提高能效和资源利用率。建筑业翻新也是扶持中小企业发展、创造就业岗位的路径之一。

（5）推行可持续与智慧交通出行方式。预计未来欧盟交通行业的碳排放将呈上升态势，2020 年欧盟将考虑出台可持续与智慧交通战略，控制所有排放源，应对交通行业持续高碳排放问题。

（6）"从农场到餐桌"建立均衡、健康、环保的食品体系。欧盟将在现行生产模式中增加绿色化、低碳化措施，构建营养均衡、健康、环保的食品生产与消费体系，保障人类生命健康与安全。

（7）保护与修复生态系统和生物多样性。欧盟有责任为保持生物多样性作贡献，为此欧盟正在制定"生物多样性战略"。

（8）大气、水和土壤的零污染行动计划。从源头上防止污染，利用净化措施、综合治理环境等手段，创造无毒环境。欧盟将在 2021 年颁布针对大气、水和土壤的零污染行动计划。

（三）俄罗斯将投资 3600 亿卢布打造"智慧城市"

2019 年 3 月，俄罗斯建设和住房公用事业部副部长奇比斯在"智慧城市"国际论坛上表示，未来 5 年俄罗斯将投资至少 3600 亿卢布（约合 369.2 亿元人民币）用于建设"智慧城市"项目内的各项基础设施。除各联邦主体政府拨款外，投资款项大部分将来自个人。"智慧城市"项目由俄罗斯建设和住房公用事业部于 2018 年启动并从 2019 年起在国家项目"数字经济"和"住房与城市环境"框架下实施，旨在通过一系列措施实现城市环境的数字化。

（四）德国出台《气候保护计划 2030》

2019 年 9 月 20 日，德国联邦政府出台《气候保护计划 2030》，希望到 2030 年德国温室气体排放比 1990 年减少 55％。这份计划包括为二氧化碳排放定价、鼓励建筑节能改造、资助相关科研等具体措施，涵盖能源、交通、建筑、农业等多个领域。

根据计划，德国将从 2021 年起在交通和建筑领域实施二氧化碳排放定价，届时德国将启动国家排放交易系统，向销售汽油、柴油、天然气、煤炭等产品的企业出售排放额度，价格为每吨二氧化碳 10 欧元。该定价到 2025 年将增至 35 欧元。2026 年起，排放价格将由市场决定。由此增加的收入将用来降低电价、补贴公众出行等。

新计划还包括一系列资助项目，如对建筑节能改造给予税收优惠、支持安装新型取暖系统。按照最新政策，居民若淘汰燃油或燃气供暖系统，改为更环保的设备或可再生能源供暖，将获得多至更换费用 40％ 的补贴。

计划到 2030 年时修建 100 万个充电桩，并要求所有加油站安装充电桩；住房和租房相关法规将调整，房东将不得阻止租房者安装充电桩；部分新能源汽车购买补贴也将提高。

新计划还提出，氢能对发展气候友好型经济很重要，联邦政府将在今年年底前发布氢能战略。此外，政府还将对电池生产、二氧化碳的储存与利用等领域的研发提供资助。

（五）日本发布《氢与燃料电池战略技术发展战略》

2019 年 10 月，日本修订了《氢/燃料电池战略路线图》，同时制定了《氢与燃料电池战略技术发展战略》，规定了具体的技术发展项目，以实现为路线图中每个领域设定的目标。该战略着眼于三大技术领域：燃料电池技术领域、氢供应链领域和电解技术领域。在这些领域中，总共将确定了包括车载用燃料电池、定置用燃料电池、大规模制氢、水制氢等 10 个项目作为优先领域中的优先项目，并通过相互合作促进技术的研究与开发。

（六）韩国 2040 年可再生能源占比达 35%

韩国国务会议 2019 年 6 月 4 日确定了《第三个能源基本规划（2019－2040年）》，旨在通过能源转型实现可持续发展和提高国民生活质量。

根据《第三个能源基本规划（2019－2040 年）》，韩国计划到 2040 年将可再生能源比重扩大到 30% ~ 35%，尽快缩减煤炭发电、逐步缩减核能发电比重，适度减排，实现清洁、安全的能源组合。同时，还将加强工业、运输、建筑等部门的能源需求管理，理顺价格体系，到 2040 年使能效比现行水平提高38%，需求下降 18.6%。此外，韩国还将扩大可再生能源、燃料电池等需求地附近分散型供电的比重，计划到 2040 年将该比重由 2017 年的 12% 提升至 30%。

（七）澳大利亚发布《国家氢能战略》

2019 年 11 月 22 日，澳大利亚政府理事会（COAG）能源委员会通过了由首席科学家艾伦·芬克尔（Alan Finkel）带头制定的澳大利亚的《国家氢能战略》（Australia's national hydrogen strategy）。氢能正式上升为澳大利亚的国家战略层面。

澳大利亚《国家氢能战略》为清洁、创新、安全和竞争性的氢能产业设定了目标，使所有澳大利亚人受益，旨在到 2030 年，澳大利亚能够成为世界氢能产业的主要参与者。该战略概述了一种自适应方法，使澳大利亚能够随着氢气市场的增长而迅速扩大规模。战略内容包括澳大利亚的清洁氢气潜力以及如何充分利用这一机会、具有广泛增长潜力的未来方案、政府将采取的支持澳大利亚氢能工业发展的行动。

根据《国家氢能战略》，到 2030 年，澳大利亚将进入亚洲氢能市场的前三名，成为有世界影响力的氢能出口国，并为更大的成功做好准备。

1.3.3　能源相关行业税收政策

（一）美国国会未通过太阳能 ITC 延期请求

以美国太阳能产业协会（SEIA）为核心的游说力量并未能说服美国国会和白宫通过延长美国太阳能税收减免的请求。自 2020 年 1 月 1 日起，美国太阳能税收减免将从当前的 30% 下降至 26%，到 2021 年，将进一步降至 22%。到 2022 年，大型公共事业项目和商业项目抵免额将达 10%，住宅项目将不会获得税收抵免。与此同时，独立于太阳能的储能 ITC 也没有得到通过。

（二）欧盟对印度尼西亚输欧生物柴油开征临时反补贴税

欧盟委员会 2019 年 8 月 13 日宣布，即日起对印度尼西亚输欧生物柴油开征 8%～18% 的临时反补贴税。同时，欧盟将继续对印度尼西亚输欧生物柴油展开反补贴调查，并于 2019 年 12 月中旬仲裁是否长期对印度尼西亚输欧生物柴油征收反补贴税。欧盟认定印度尼西亚生物柴油生产商享有政府补贴和税收优惠，其原材料采购价格低于市场价格，由此破坏市场公平竞争，对欧盟生物柴油生产商造成经济损失。

（三）日本可再生能源固定价格收购制度 FIT 临时修正方案出台

2019 年 8 月，日本经济产业省对太阳能、风能等可再生能源固定价格收购制度（FIT）的临时修正方案出台。日本政府计划通过市场交易和竞标等，培育具有竞争实力的电力企业，同时减少百姓和企业的负担。根据临时修正方案内容，日本政府明确将工商业用太阳能、风能发电项目列为"竞价项目"，并引入竞价制度，从 FIT 中独立出来。

2

2019 年国内外能源发展比较分析

2. 1　世界能源发展现状

2. 1. 1　一次能源消费

世界一次能源消费增速降至 1.3%。2009－2019 年世界一次能源消费量及增速如图 2-1 所示。2019 年世界一次能源消费总量约为 199.23 亿 tce，同比增长 1.3%，增速不到 2018 年的一半，也低于过去十年的平均增速（＋1.6%）。

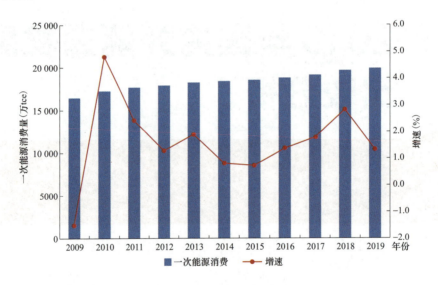

图 2-1　2009－2019 年世界一次能源消费量及增速

原油在世界最主要一次能源的地位保持不变，煤炭在能源结构中的占比持续下降，为近 16 年以来的最低水平。2019 年，世界原煤、原油、天然气、核电、水电、非水可再生能源分别占一次能源总消费量的 27.0%、33.1%、24.2%、4.3%、6.4%、5.0%。2019 年世界一次能源消费结构，如图 2-2 所示。2019 年，世界原煤、原油、核电、水电占比分别同比下降 0.2、0.5、0.1、0.5 个百分点，天然气、非水可再生能源占比分别同比上升 0.3、1.0 个百分点。

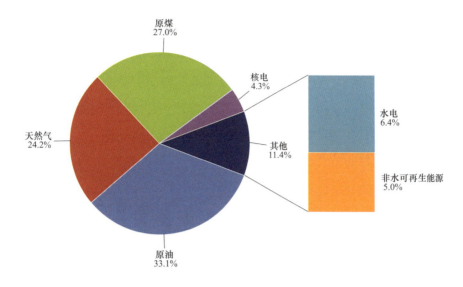

图 2-2 2019 年世界一次能源消费量分品种构成

一次能源消费增量中约有 75% 来自非水可再生能源和天然气。 2019 年世界一次能源增长主要由非水可再生能源和天然气引领，世界非水可再生能源增长创下历史性新高（12.2%，1.07 亿 tce），尤其是风能和太阳能。天然气消费同比增长 2%（0.95 亿 tce），较 2018 年（+5.3%，2.39 亿 tce）有较大下滑，但天然气占一次能源消费比重创历史新高。

除核能消费量增长快速之外，所有一次能源消费增速回落，低于近十年平均增速。 2019 年，世界核能消费量为 8.50 亿 tce，同比增长 3.2%，是 2004 年以来最快增速，远高于近十年平均增速（−0.7%）。2019 年，世界原煤消费量为 53.86 亿 tce，同比下降 0.6%（近十年平均增速为 +0.8%），近三年来首次负增长；世界原油消费量为 44.45 亿 t，同比增长 0.8%（近十年平均增速为 +1.1%）；世界天然气消费量达 39 292 亿 m³，同比增长 2%（近十年平均增速为 +2.5%）；世界水电消费量为 12.85 亿 tce，同比增长 0.8%（近十年平均增速为 +1.9%）；非水可再生能源消费量为 9.89 亿 tce，同比增长 12.2%（近十年平均增速为 +13.7%）。

2.1.2　终端能源消费

2018 年世界终端能源消费总量约为 142.0 亿 tce，同比增长 2.3%。2018 年，世界煤炭、石油、天然气、电力、热力及其他能源分别占 10.0%、40.8%、16.2%、19.3%和 13.7%。2000—2018 年世界终端能源消费量及增速如图 2-3 所示，2018 年世界终端能源消费结构如图 2-4 所示。

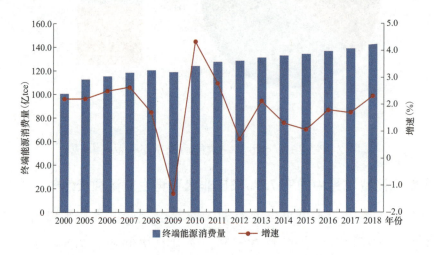

图 2-3　2000—2018 年世界终端能源消费量及增速

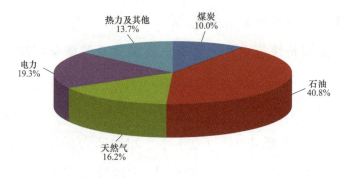

图 2-4　2018 年世界终端能源消费结构

2.1.3　能源生产

世界煤炭产量同比增长 0.5%。2019 年，世界煤炭总产量为 81.29 亿 t，同比增长 0.5%，低于过去十年 1.6% 的年均增速。

世界石油产量下降。2019 年，世界石油总产量达到 44.85 亿 t，同比下降 0.3%，过去十年的年均增速为 1.2%。

世界天然气产量增加 1318 亿 m³，同比增长 3.4%，高于过去十年 2.4% 的平均增速。2019 年，世界天然气产量为 38 983 亿 m³，其中美国增长最多（850 亿 m³），其次是澳大利亚（230 亿 m³）和中国（160 亿 m³）。

世界核能发电增长快速，为自 2010 年以来最大增幅。2019 年，世界核电发电量 27 960 亿 kW·h，同比增长 3.5%。

世界水电同比增速下降。2018 年，世界水电发电量为 42 222 亿 kW·h，同比增长 1.2%，远低于过去十年 2.5% 的年均增长率。

世界非水可再生能源发电增长了 13.3%，低于过去十年均值 (15.5%)。2019 年，非水可再生能源发电量为 28 055 亿 kW·h，其中风电发电占比近 51%，太阳能发电虽然占比仅为 25.8%，却贡献了超过 40% 的增量，同比增长 24.3%。

世界发电量增长 1.3%，不到过去十年年均增速 (2.7%) 的 1/2。2019 年，世界发电量为 270 047 亿 kW·h。其中，中国发电量增长 3400 亿 kW·h，增速为 4.7%，贡献了世界 95% 的净增量，其他大部分地区微增长或负增长。从品种看，非水可再生能源发电贡献了最大增量（3400 亿 kW·h），其次是天然气（2200 亿 kW·h）。煤炭发电量大幅下降，减少了 2700 亿 kW·h，占比下降至 36.4%，为 1985 年以来最低水平，不过仍然在各类型电源中占比最大。非水可再生能源发电占比从 9.3% 提高到 10.4%，首次超过核电。

2.1.4 能源贸易

（一）煤炭

2019 年世界煤炭贸易量为 14.36 亿 tce，同比增长 1.3%。印度尼西亚和澳大利亚是最主要的煤炭出口国家，出口量分别为 4.55 亿、3.93 亿 tce，分别占世界出口总量的 31.7％、27.4％。煤炭进口量排名前五位的国家（地区）均在亚洲，中国进口量有所上升，为 2.99 亿 tce，仍居世界首位，其次是印度和日本。2019 年世界十大煤炭进出口国家（地区）情况如表 2-1 所示。

表 2-1　　2019 年世界十大煤炭进出口国家（地区）情况　　　　亿 tce

序号	国家（地区）	出口量	国家（地区）	进口量
1	印度尼西亚	4.55	中国	2.99
2	澳大利亚	3.93	印度	2.47
3	俄罗斯	2.17	日本	1.85
4	美国	0.84	韩国	1.30
5	南非	0.81	中国台湾	0.67
6	哥伦比亚	0.72	越南	0.44
7	加拿大	0.36	德国	0.41
8	蒙古	0.28	土耳其	0.38
9	哈萨克斯坦	0.25	—	—
10	菲律宾	0.14	—	—

数据来源：IEA。

（二）石油

2019 年世界石油贸易量达到 34.81 亿 t，同比下降 0.3％。 2019 年，世界原油贸易量为 22.49 亿 t，石油产品贸易量为 12.43 亿 t，分别占 64.6％ 和 35.4％。石油贸易量占石油消费量的比重从 12 年前的 57％ 提高到了 78.3％，石油的全球化能源配置趋势越加明显。

2019 年世界石油贸易流向示意如图 2-5 所示。

（三）天然气

2019 年世界天然气贸易量为 12 866 亿 m³，同比增长 4.1％，主要得益于 LNG 大幅增长，同比增长 12.7％。 管道贸易主要包括从俄罗斯、挪威流向欧洲其他国家和从加拿大流向美国。LNG 主要从中东、北非地区流向东亚。2019 年世界天然气贸易流向示意如图 2-6 所示。2019 年，世界 LNG 贸易量为 4851 亿 m³，新增 540 亿 m³，主要贡献来自美国（190 亿 m³）、俄罗斯（140 亿 m³）、

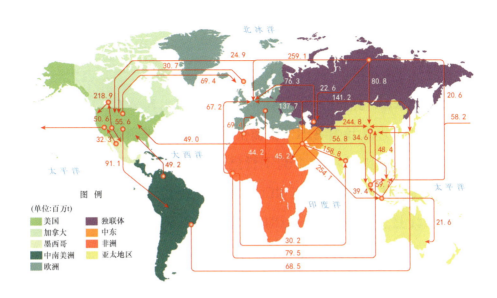

图 2-5　2019 年世界石油贸易流向示意图

澳大利亚（130 亿 m³）；管道贸易量为 8015 亿 m³，同比下降 0.5%，主要是从俄罗斯和北非到欧洲的管道供应被充足的 LNG 供应挤占。管道和 LNG 分别占世界天然气贸易量的 62.3% 和 37.7%。

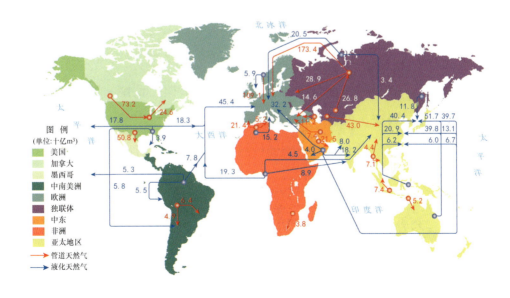

图 2-6　2019 年世界天然气贸易流向示意图

（四）电力

当今相邻国家电力交易已非常普遍。OECD 国家，电力进口量由 1974 年的 89TW·h 增加至 2019 年的 491 TW·h，年均增长率为 3.9％，电力进口量占电力供应量比重由 1974 年的 2.0％增长至 2019 年的 4.5％。电力出口量由 1974 年的 81TW·h 增加至 2019 年的 490TW·h，年均增长率为 4.1％，电力出口量占电力供应量比重由 1974 年的 1.8％增长至 2019 年的 4.4％。OECD 国家电力交易由欧洲区域和美洲区域构成。OECD 欧洲区域 1974—2019 年间电力进口量年均增长率为 4.0％；OECD 美洲区域 1974—2019 年间电力进口量年均增长率为 3.2％。

非 OECD 国家，大量电力交易存在于俄罗斯联邦、吉尔吉斯斯坦、土库曼斯坦、乌克兰以及一些前苏联国家之间，这些国家还与邻国，比如白俄罗斯、摩尔多瓦以及 OECD 欧洲区域进行大量电力交易。在东南欧地区，波斯尼亚和黑塞哥维那，保加利亚、克罗地亚、罗马尼亚和塞尔维之间也存在电力交易。

在南美地区，巴拉圭大量水电出口到巴西和阿根廷（2018 年巴拉圭净出口 42.2TW·h）。智利和阿根廷的电力交易在中断 4 年后于 2016 年恢复，然而在 2018 年电力交易再次中断。

在非洲地区，南非出口大量电力至邻国，比如津巴布韦。莫桑比克自 1998 年已经成为净出口国家。2018 年南非净出口电量为 4.7TW·h。由于本地发电量大幅下降，2018 年莫桑比克电力出口量仅小幅超过进口电量，净出口电量仅为 0.5TW·h。

在亚洲地区，印度从 2016 年起成为电力净出口国家，2018 年电力净出口电量为 3.8TW·h。湄公河岸一些水电发源地国家，包括中国、老挝和缅甸，电力净出口量逐步增加。中国是亚洲地区主要的电力出口国家，2018 年电力净出口 14.1TW·h。

2.1.5 能源环境

2019 年能源消费产生的碳排放增长 0.5%，不到近十年平均增速的 1/2。 2019 年世界 CO_2 排放量为 341.69 亿 t，同比增长 0.5%，低于 2009－2019 年年均 1.1% 的增速。2009－2019 年世界化石燃料燃烧产生的 CO_2 排放量及增速如图 2-7 所示。

图 2-7 2009－2019 年世界化石燃料燃烧产生的 CO_2 排放量及增速

煤炭消费仍是化石燃料燃烧产生 CO_2 排放的主要来源。 2018 年，燃煤排放的 CO_2 为 147.66 亿 t，同比增长 1.8%，占世界 CO_2 排放总量的 44.1%，比 2017 年下降 0.1 个百分点；其次为石油燃烧，其 CO_2 排放量为 114.15 亿 t，占比 34.1%，比 2017 年下降了 0.5 个百分点；天然气燃烧 CO_2 排放量为 71.04 亿 t，占比 21.2%，较 2017 年上升 0.6 个百分点。2008－2018 年世界化石燃料燃烧 CO_2 排放分品种构成如图 2-8 所示。

2.1.6 世界能源发展特点

（1）世界经济增速放缓至近十年来的最低水平，一次能源消费增长低于过去十年平均增速。 2019 年世界经济增长 2.9%，同比下降 0.7 个百分点。发达

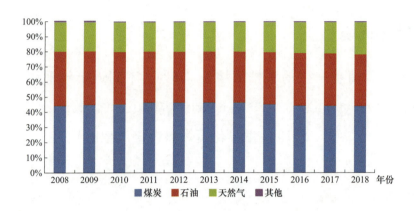

图 2-8   2008—2018 年世界化石燃料燃烧 CO_2 排放分品种构成

经济体经济增速为 1.7%，同比下降 0.5 个百分点；新兴市场与发展中经济体经济增速为 3.7%，同比下降 0.8 个百分点。2019 年世界一次能源消费增长仅为 1.3%，低于过去十年的平均增速（+1.6%）。

（2）世界一次能源消费增长由可再生能源和天然气引领，世界能源消费持续向低碳清洁能源转型。 2019 年，世界非水可再生能源增长创下历史性新高（12.2%，1.07 亿 tce），世界天然气同比增长 2%，天然气占一次能源消费比重创历史新高。一次能源消费的增量大约有 75% 来自非水可再生能源和天然气。原煤、原油、核电、水电占比分别同比下降 0.2、0.5、0.1、0.5 个百分点，天然气、非水可再生能源占比分别同比上升 0.3、1.0 个百分点。

（3）世界碳排放同比增长 0.5%。 2019 年世界 CO_2 排放量为 341.69 亿 t，同比增长 0.5%，低于 2009—2019 年年均 1.1% 的增速，煤炭消费仍是化石燃料燃烧产生 CO_2 排放的主要来源。

（4）受新冠肺炎疫情影响，2020 年世界能源投资预计比 2019 年下降 20%，减少约 400 亿美元，下降幅度和规模史无前例。 预计 2020 年世界油气投资下降 32%，煤炭投资下降 15%，电力投资下降 10%，终端用能和节能投资下降 12%。相比化石燃料投资受疫情剧烈波动，2020 年电力投资相对更加稳定，电力投资连续第五年超过油气供应投资，这得益于电力部门在经济发展和能源转型战略的重要位置，以及电力需求的增长，这些增长始终超过总体能源需求。

2.2　主要国家能源发展比较

2.2.1　一次能源消费比较

80%左右的能源消费增量来自发展中国家。中国仍是世界上最大的能源消费国，2019 年中国一次能源消费量约为 48.35 亿 tce，占世界一次能源消费量的 24.3%；美国居第二位，一次能源消费量为 32.30 亿 tce，占世界总量的 16.2%；印度居第三位，一次能源消费量为 11.62 亿 tce，占世界总量的 5.8%。2019 年世界十大一次能源消费国消费量所占比例如图 2-9 所示。

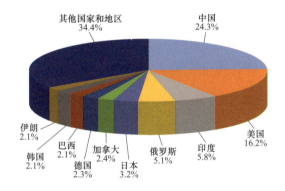

图 2-9　2019 年世界十大一次能源消费国消费量所占比例

2019 年中国占世界一次能源消费量的 24% 和世界能源消费增长的 34%，连续 19 年居世界能源消费增长第一。2019 年，中国能源消费增速由 2018 年的 3.8% 增长至 4.4%，达 2012 年来最高增速，过去十年的平均增速为 3.8%。2019 年，中国仍然是世界上最大的能源消费国。

世界十大能源消费国中大部分国家能源消费以油气为主，只有中国和印度以煤炭为主。2019 年，中国一次能源消费中原煤占 57.6%，石油和天然气合计占 27.5%；印度一次能源消费中原煤占 54.7%，石油和天然气合计占 36.4%；俄罗斯一次能源消费中天然气所占比重较大，为 53.7%；美国油气合计比重达到 71.3%，日本、加拿大、德国和韩国油气合计比重均超过 59.9%；巴西清洁能源消费占比较大，为 46.2%；伊朗天然气占比 65.2%，石油占比 31.8%，油气比重高达 97.0%。2019 年世界主要国家一次能源消费结构如图 2 - 10 所示。

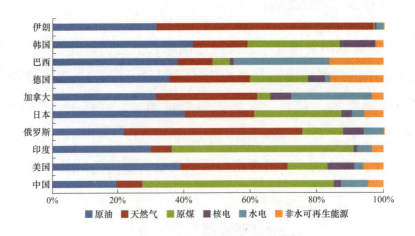

图 2 - 10　2019 年世界主要国家一次能源消费结构

中国是世界最大的煤炭消费国。2019 年，中国煤炭消费量为 27.87 亿 tce，同比增长 2.3%，占世界原煤总消费量的 51.7%。世界煤炭消费增长主要来自新兴发展中国家，尤其是中国（6292 万 tce）、印度尼西亚（1937 万 tce）和越南（1639 万 tce）。尽管煤炭仍是中国主要一次消费能源，但 2019 年占比为 57.6%，创历史新低。煤炭消费降幅量最大的是美国（6624 万 tce）和德国（2047 万 tce）。OECD 国家煤炭消费连续第六年下降，降至 1965 年以来最低水平。2019 年世界十大原煤消费国消费量所占比例如图 2 - 11 所示。

美国是世界上最大的原油消费国。2019 年，美国原油消费量约为 8.42 亿 t，占世界总量的 18.9%；中国原油消费量居世界第二位，约为 6.50 亿 t，占世界总量的 14.6%；印度为世界第三大原油消费国，为 2.42 亿 t，占世界总量的 5.4%。2019 年世界十大原油消费国消费量所占比例如图 2 - 12 所示。

美国是世界上最大的天然气消费国。2019 年，美国天然气消费量为 8466 亿 m³，占世界总量的 21.5%；其次为俄罗斯和中国，消费量分别为 4443 亿 m³

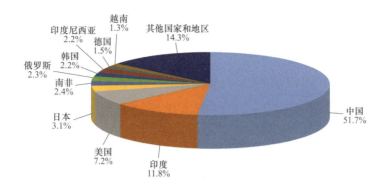

图 2-11　2019 年世界十大原煤消费国消费量所占比例

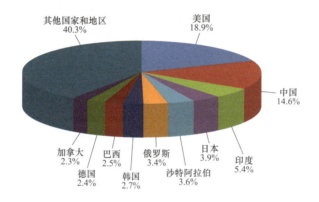

图 2-12　2019 年世界十大原油消费国消费量所占比例

和 3073 亿 m³。2019 年世界天然气消费增长主要来自美国（270 亿 m³）和中国（240 亿 m³）。俄罗斯和日本降幅最大，分别下降 102 亿 m³ 和 76 亿 m³。2019 年世界十大天然气消费国消费量所占比例如图 2-13 所示。

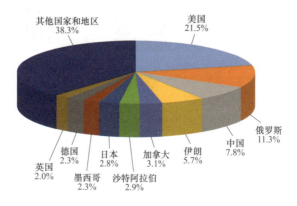

图 2-13　2019 年世界十大天然气消费国消费量所占比例

　　美国是世界上第一核电消费大国。2019 年，美国核电消费量为 2.59 亿 tce，占世界总量的 30.5%；法国位居第二位，核电消费量为 1.21 亿 tce，占世界总量的 14.3%；中国位居第三，核电消费量为 1.06 亿 tce，占世界总量的 12.5%。2019 年世界十大核电消费国所占比例如图 2‑14 所示。

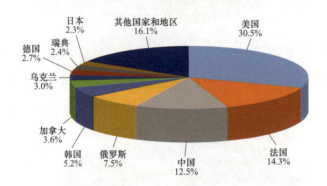

图 2‑14　2019 年世界十大核电消费国所占比例

　　中国是世界第一水电消费大国。2019 年，中国水电消费量为 3.86 亿 tce，占世界总量的 30.0%；其次是巴西，水电消费量为 1.21 亿 tce，占世界总量的 9.4%；加拿大为世界第三，水电消费量为 1.16 亿 tce，占世界总量的 9.0%。2019 年世界十大水电消费国所占比例如图 2‑15 所示。

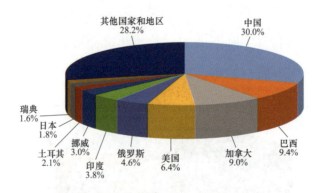

图 2‑15　2019 年世界十大水电消费国所占比例

　　中国是世界最大的非水可再生能源消费国。2019 年，亚太地区是最大的非水可再生能源消费区，占比为 37.3%。2019 年，中国非水可再生能源消费量为 2.26 亿 tce，占世界总量的 22.9%，居世界第一；美国非水可再生能源消费量为 1.99 亿 tce，占世界总量的 20.1%，居世界第二；德国非水可再生能源消费量为 0.72 亿 tce，占世界总量的 7.3%，居世界第三。2019 年世界十大非水可再生能源消费国非水可再生能源消费量所占比例如图 2-16 所示。

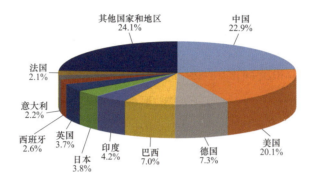

图 2-16　2019 年世界十大非水可再生能源消费国非水可再生能源消费量所占比例

2.2.2　终端能源消费比较

世界十大终端煤炭消费国中，中国终端煤炭消费量为 9.08 亿 tce，占世界总量的 63.9%，是世界第一大煤炭消费国；印度为 1.52 亿 tce，占世界总量的 10.7%；俄罗斯为 0.39 亿 tce，占世界总量的 2.8%。2018 年世界十大终端煤炭消费国消费量所占比例如图 2-17 所示。

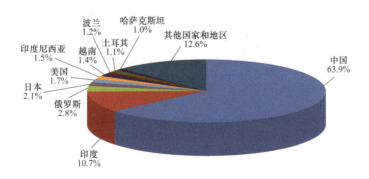

图 2-17　2018 年世界十大终端煤炭消费国消费量所占比例

世界十大终端石油消费国中，美国终端石油消费量最高，达到 10.93 亿 tce，占世界总量的 18.9%；中国为 7.7 亿 tce，占世界总量的 13.3%；印度为

2.97 亿 tce，占世界总量的 5.1％。2018 年世界十大终端石油消费国消费量所占比例如图 2-18 所示。

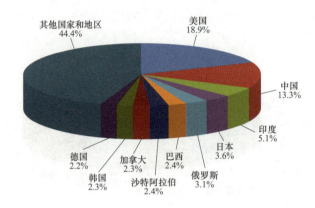

图 2-18　2018 年世界十大终端石油消费国消费量所占比例

世界十大终端天然气消费国中，美国终端天然气消费量最高，达到 5.44 亿 tce，占世界总量的 23.6％；俄罗斯位居世界第二，为 2.66 亿 tce，占世界总量的 11.5％；中国为 2.20 亿 tce，占世界总量的 9.6％。2018 年世界十大终端天然气消费国消费量所占比例如图 2-19 所示。

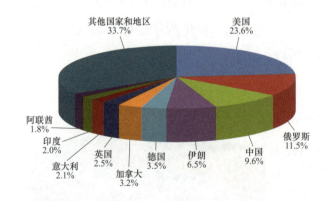

图 2-19　2018 年世界十大终端天然气消费国消费量所占比例

发达国家终端能源消费以油气为主，中国煤炭终端消费比重最高。伊朗、美国、加拿大油气在终端能源消费中比重超过 70％。印度生物质等其他能源利用较多，油气比重为 39.6％。日本、韩国石油在终端能源消费中的比重超过 50％。美国、俄罗斯、德国、加拿大和伊朗天然气在终端能源消费中的比重超过 20%。中国煤炭终端消费占终端消费总量的 30.9%，远高于其他国家。2018 年世界十大能源消费国终端能源消费分品种结构对比如图 2 - 20 所示。

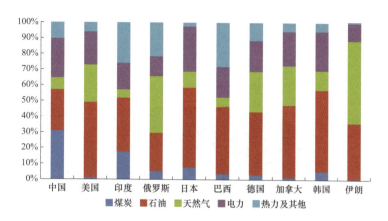

图 2 - 20　2018 年世界十大能源消费国终端能源消费分品种结构对比

2.2.3　能源生产比较

中国是世界第一大煤炭生产国。2019 年，中国煤炭产量为 38.46 亿 t，占世界的比重为 47.3%；其次为印度，产量为 7.56 亿 t，占世界的比重为 9.3%；美国煤炭产量为 6.40 亿 t，占世界的比重为 7.9%。2019 年世界十大原煤生产国产量所占比例如图 2 - 21 所示。

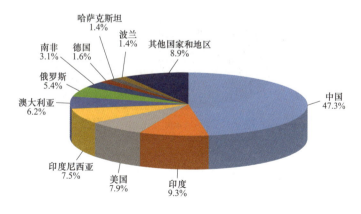

图 2 - 21　2019 年世界十大原煤生产国产量所占比例

美国是世界最大石油生产国。2019 年，石油输出国组织（OPEC）总产量为 16.80 亿 t，同比下降 5.7%，占世界总量的 37.5%。中东石油产量增长主要来自伊拉克和阿联酋，伊朗石油产量大幅下降，同比下降 28.4%；中东以外的其他地区石油产量增长最大的是美国、巴西和加拿大。2019 年世界十大石油生产国产量所占比例如图 2-22 所示。

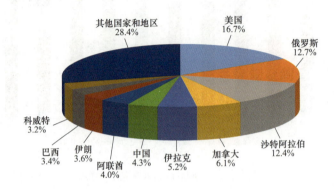

图 2-22   2019 年世界十大石油生产国产量所占比例

美国是世界最大的天然气生产国。2019 年，美国天然气产量为 9209 亿 m³，占世界的比重为 23.1%；其次是俄罗斯和伊朗，天然气产量分别为 6790 亿 m³ 和 2442 亿 m³，占世界的比重分别为 17.0% 和 6.1%。2019 年世界十大天然气生产国产量所占比例如图 2-23 所示。

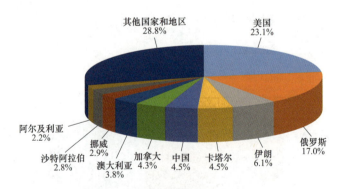

图 2-23   2019 年世界十大天然气生产国产量所占比例

美国、法国、中国分别为世界前三大核电发电大国。2019 年，美国核电发电量为 8520 亿 kW·h，占世界的 30.5%；法国核电发电量 3994 亿 kW·h，占世界的 14.3%；中国核电发电量 3487 亿 kW·h，占世界的 12.5%。中国贡献了世界核电的最大增量，超过 56%。2019 年世界十大核电发电国产量所占比例如图 2-24 所示。

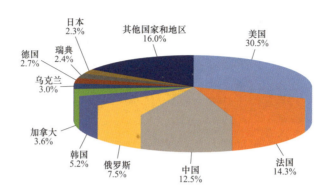

图 2-24　2019 年世界十大核电发电国产量所占比例

中国是世界第一水电发电大国。2019 年，中国水电发电量为 12 697 亿 kW·h，已超过北美和欧洲的总和，占世界的比重为 30.1%；前十的水电发电国中，土耳其增幅最大，同比增长 48.8%。2019 年世界十大水电发电国产量所占比例如图 2-25 所示。

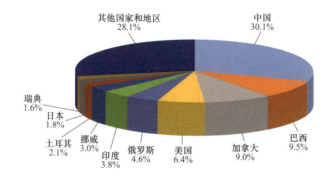

图 2-25　2019 年世界十大水电发电国产量所占比例

中国、美国、德国是世界前三非水可再生能源发电大国。2019 年，中国非水可再生能源发电量为 7323 亿 kW·h，占世界的比重为 26.1%；美国非水可再生能源发电量为 4898 亿 kW·h，占世界的比重为 17.5%；德国非水可再生能源发电量为 2241 亿 kW·h，占世界的比重为 8.0%；2019 年世界十大非水可再生能源发电国产量所占比例如图 2-26 所示。

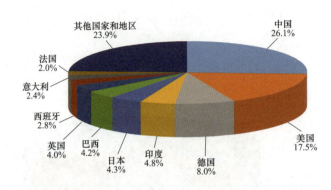

图 2-26 2019 年世界十大非水可再生能源发电国产量所占比例

2.2.4 能源贸易比较

从石油进口量看，**欧洲、中国、美国、印度和日本是主要的原油进口国（地区），进口量合计占世界石油进口总量的 77.6%**。2019 年，欧洲石油进口量为 7.31 亿 t，同比下降 0.1%，占世界石油进口总量的 21.0%，与上年基本持平；美国石油进口量为 4.48 亿 t，同比下降 8.7%，占世界总量的 12.9%；中国石油进口量为 5.86 亿 t，同比增长 7.3%，占世界石油进口总量的 16.8%；印度石油进口量 2.66 亿 t，同比增长 3.3%，占世界石油进口总量的 7.6%。

从石油出口量看，**中东、俄罗斯、西非、加拿大和中南美洲是主要的原油出口地区，出口量合计占世界石油出口总量的 73.5%**。2019 年，中东石油出口量为 9.69 亿 t，同比下降 0.3%，占世界石油出口总量的 27.8%；俄罗斯出口量为 4.51 亿 t，同比增长 1.2%，占世界石油出口总量的 12.9%；美国出口量为 3.89 亿 t，同比增长 14.0%，占世界石油出口总量的 11.2%。

2019 年部分国家（地区）原油出口和进口情况如表 2-2 所示。

表 2-2　　　**2019 年部分国家（地区）原油出口和进口情况**　　　　　　　亿 t

国家（地区）	出口量	国家（地区）	进口量
中东	7.98	欧洲	5.23
俄罗斯	2.86	中国	5.07
西非	2.19	美国	3.38

续表

国家（地区）	出口量	国家（地区）	进口量
加拿大	1.97	印度	2.22
中南美洲	1.46	日本	1.47

美国、中东、俄罗斯、欧洲和新加坡是主要的石油产品出口国（地区），出口量合计占世界出口总量的 **64.3%**。欧洲、新加坡、中南美洲、美国和中国是主要的石油产品进口国（地区），进口量合计占世界进口总量的 **49.9%**。2019 年部分国家（地区）石油产品出口和进口情况如表 2 - 3 所示。

表 2 - 3　　　2019 年部分国家（地区）石油产品出口和进口情况　　　亿 t

国家（地区）	出口量	国家（地区）	进口量
美国	2.51	欧洲	2.09
中东	1.71	新加坡	1.12
俄罗斯	1.65	中南美洲	1.10
欧洲	1.25	美国	1.10
新加坡	0.86	中国	0.78

世界管道天然气主要出口国是俄罗斯、挪威、美国、加拿大和荷兰，合计出口量为 **5130 亿 m^3**，占世界总量的 **64.0%**。管道天然气主要进口国是德国、美国、意大利、墨西哥和中国，合计进口量为 **3355 亿 m^3**，占世界总进口量的 **41.7%**。2019 年世界主要国家（地区）管道天然气出口和进口情况如表 2 - 4 所示。

表 2 - 4　　　2019 年世界主要国家（地区）管道天然气出口和进口情况　　　亿 m^3

国家（地区）	出口量	国家（地区）	进口量
俄罗斯	2172	德国	1096
挪威	1091	美国	733
美国	753	意大利	541
加拿大	732	墨西哥	508
荷兰	382	中国	477

LNG 主要出口国是卡塔尔、澳大利亚、美国、俄罗斯和马来西亚，合计

出口量为 **3338 亿 m³**，占世界出口总量的 **68.8%**。LNG 主要进口国家（地区）是日本、中国、韩国、印度和法国，合计进口量为 **3017 亿 m³**，占世界进口总量的 **62.2%**。**2019 年世界主要国家（地区）LNG 出口和进口情况如表 2 - 5 所示。**

表 2 - 5　　2019 年世界主要国家（地区）LNG 出口和进口情况　　　亿 m³

国家（地区）	出口量	国家（地区）	进口量
卡塔尔	1071	日本	1055
澳大利亚	1047	中国	848
美国	475	韩国	556
俄罗斯	394	印度	329
马来西亚	351	法国	229

　　2019 年主要电力进口国有美国、意大利、英国、芬兰和匈牙利，净进口电量在 126 亿～390 亿 kW·h 之间；主要电力出口国有法国、加拿大、德国、瑞典和捷克，净出口电量在 131 亿～578 亿 kW·h 之间；交换电量较大的国家有德国、法国、美国、加拿大和瑞士，交换电量在 653 亿～1129 亿 kW·h 之间。

　　2019 年，德国是 OECD 国家进出口电量总量最大的国家，进出口电量总量为 1129 亿 kW·h；法国是 OECD 国家最大的电力出口国，出口电量为 734 亿 kW·h；同时法国也是 OECD 国家最大电力净出口国，净出口电量为 578 亿 kW·h。

　　部分国家 2019 年净进口和交换电量如图 2 - 27 所示。

2.2.5　能源环境比较

　　美国碳排放下降。2019 年美国 CO_2 排放下降 1.52 亿 t，同比下降 3.0%，仍是 2000 年以来世界减排量最大的国家；俄罗斯 CO_2 排放下降 0.16 亿 t，同比下降 1.0%；英国、日本延续了下降趋势，分别减排 0.10 亿 t 和 0.41 亿 t；欧盟 CO_2 减排 1.36 亿 t，同比下降 3.9%，连续第二年下降。

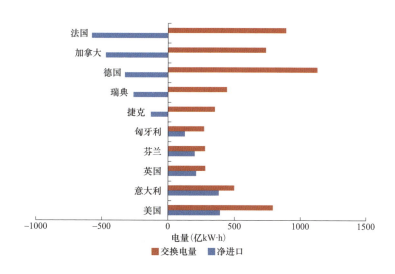

图 2-27 部分国家 2019 年净进口和交换电量

中国碳排放增长 3.4%，仍是世界二氧化碳排放总量和年度增量最大的国家。2019 年中国 CO_2 排放增加 3.19 亿 t，带来世界最大的排放增量，同比增长 3.4%，较上年上升了 1.2 个百分点。

美国主要污染物排放量持续下降。2019 年美国 NO_x 排放量为 895 万 t，同比下降 4.6%；SO_2 排放总量为 217 万 t，同比下降 11.8%；CO 排放总量为 6419 万 t，同比下降 1.4%。2010—2019 年美国主要污染物排放情况如表 2-6 所示。

表 2-6 2010—2019 年美国主要污染物排放情况 万 t

污染物	2010 年	2013 年	2014 年	2015 年	2016 年	2017 年	2018 年	2019 年
CO	7377	6975	6554	6352	5890	6681	6511	6419
SO_2	773	487	467	395	320	255	246	217
NO_x	1485	1324	1259	1168	1030	991	938	895

数据来源：美国环保部，National Emissions Inventory Air Pollutant Emissions Trend Data，2020。

发展中国家可吸入颗粒物（PM$_{2.5}$）浓度是发达国家的 4～10 倍。美国、日本、德国、法国、英国、加拿大等发达国家 2017 年 PM$_{2.5}$ 浓度均低于 $20\mu g/m^3$。中国 PM$_{2.5}$ 浓度达到 $69.5\mu g/m^3$；印度为 $95.8\mu g/m^3$。2010—2017 年世界主要国家大气中可吸入颗粒物（PM$_{2.5}$）浓度如表 2-7 所示。

表 2 - 7　　　2010－2017 年世界主要国家大气中可吸入颗粒物（PM$_{2.5}$）浓度　　　µg/m³

国家	2010 年	2011 年	2012 年	2013 年	2014 年	2015 年	2016 年	2017 年
美国	9.4	9.7	9.0	8.7	8.2	8.1	7.4	9.4
中国	69.5	70.5	63.8	65.5	59.8	59.1	52.2	69.5
日本	14.1	14.1	13.1	13.4	12.6	12.7	11.6	14.1
德国	15.2	14.7	13.6	13.2	12.8	12.8	11.9	15.2
法国	14.8	14.9	13.3	13.6	12.3	12.7	11.9	14.8
巴西	16.0	15.9	15.3	14.6	14.0	13.6	12.7	16.0
英国	12.3	12.8	11.8	11.6	10.8	10.8	10.5	12.3
意大利	19.0	20.0	18.1	17.8	17.8	17.9	16.5	19.0
加拿大	8.4	8.6	8.1	7.8	7.4	7.2	6.5	8.4
俄罗斯	19.5	19.2	18.3	17.8	16.6	17.0	16.2	19.5
印度	95.8	97.6	88.2	91.8	89.3	89.3	89.7	95.8
西班牙	11.3	12.0	11.1	10.7	10.1	10.4	9.7	11.3

数据来源：世界银行（WB）数据库。

中国电力烟尘、SO$_2$和 NO$_x$排放量持续下降。2019 年，全国电力烟尘、二氧化硫、氮氧化物排放量分别约为 18 万、89 万、93 万 t，分别比上年下降约 12.2%、9.7%、3.1%；火电发电量烟尘、二氧化硫、氮氧化物排放约为 0.038、0.187、0.195g/（kW·h），分别比上年下降 0.006、0.024、0.011 g/（kW·h）；单位火电发电量废水排放为 54g/（kW·h），比上年下降 3g/（kW·h）。截至 2019 年底，达到超低排放限值的煤电机组约为 8.9 亿 kW，约占全国煤电总装机容量的 86%。

2019 年，全国 337 个地级以上城市 PM$_{2.5}$和 PM$_{10}$平均浓度分别为 36µg/m³和 63µg/m³，PM$_{2.5}$与 2018 年持平，PM$_{10}$同比下降 1.6%。PM$_{2.5}$日均值超标天数占监测天数的比例为 8.5%；PM$_{10}$日均值超标天数占监测天数的比例为 4.6%。2019 年 337 个地级以上城市可吸入颗粒物不同浓度区间城市比例如图 2 - 28 所示。

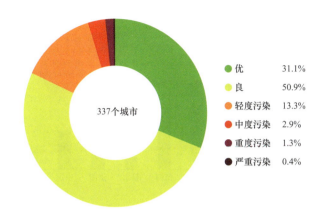

● 优	31.1%
● 良	50.9%
● 轻度污染	13.3%
● 中度污染	2.9%
● 重度污染	1.3%
● 严重污染	0.4%

337个城市

图 2-28　2019 年 337 个地级以上城市可吸入颗粒物不同浓度区间城市比例

数据来源：《2019 中国环境状况公报》。

2.3　主要国家能源发展关键指标比较

2.3.1　人均一次能源消费量比较

发达国家人均一次能源消费量是发展中国家 3 倍以上。 2018 年，世界人均一次能源消费量为 2.69tce，同比增长 1.5%，2008－2018 年年均增长 0.3%。OECD 国家人均一次能源消费量为 5.89tce，2008－2018 年年均增速为负；非 OECD 国家人均一次能源消费量为 1.93ce，2008－2018 年年均增长 1.5%。

在世界能源消费大国中，加拿大人均一次能源消费量最高，为 11.48tce；美国、韩国和俄罗斯仅次于加拿大，分别为 9.73、7.81、7.51tce；德国、日本、伊朗在 4～6tce 之间；印度人均水平较低，仅为 0.97tce。中国人均为 3.28tce，约为美国的 1/3。2018 年世界主要国家人均一次能源消费量如图 2-29 所示。

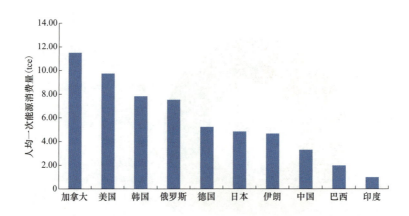

图 2 - 29　2018 年世界主要国家人均一次能源消费量

2.3.2　单位产值能耗比较

2018 年世界单位产值能耗为 0.249tce/千美元（按汇率计算，2015 年美元不变价，下同），较上年略有下降。发达国家单位产值能耗普遍低于发展中国家。OECD 国家单位产值能耗为 0.153tce/千美元，非 OECD 国家为 0.380tce/千美元。

在世界能源消费大国中，伊朗、俄罗斯能源资源丰富，且供暖能源消耗较多，因而单位产值能耗高，分别为 0.870、0.763tce/千美元。中国单位产值能耗为 0.341tce/千美元，是世界平均水平的 1.4 倍左右。随着技术进步和产业结构调整，中国单位产值能耗水平快速下降，十年间单位产值能耗下降超过30%。发达国家中，美国、德国、日本单位产值能耗最低，仅为 0.1tce/千美元左右。韩国相对较高，为 0.253tce/千美元，略高于世界平均水平。2018 年世界主要国家单位产值能耗如图 2 - 30 所示。

2.3.3　能源对外依存度比较

由于能源资源禀赋、能源消费、能源战略等不同，各国能源对外依存度也存在较大差异❶。**总体来看，发达国家能源对外依存度高于发展中国家**。在世

---

❶　能源对外依存度＝能源净进口量/能源消费量。

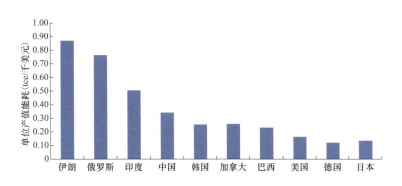

图 2 - 30　2018年世界主要国家单位产值能耗

界十大能源消费国中，俄罗斯、加拿大、伊朗、巴西是能源净出口国家，对外依存度为负；美国、中国、印度能源对外依存度分别为3.6％、21.9％和37.8％，较2017年有所上升；德国、韩国、日本能源对外依存度均超过60％；日本对外依存度最高，超过90％。2018年世界主要国家能源对外依存度如图2-31所示。

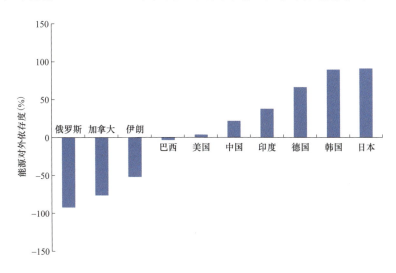

图 2 - 31　2018年世界主要国家能源对外依存度

2019年中国油气资源的对外依存度继续攀升，石油对外依存度达到70.8％，为历史最高值❶。2019年，中国原油进口量为50 572万t，增长9.5％，石油对外依存度达70.8％，中国原油产量为1.91亿t，同比增长1.2％，原油产量连年下

❶　数据来源于《2019年国内油气行业发展报告》。

跌趋势得以扭转。2019 年，中国天然气进口量为 9660 万 t，同比增长 6.9%，对外依存度达 43%，天然气产量为 1736.2 亿 m^3，同比增长 9.8%。截至 2019 年底，中国累计建成并投运 22 座 LNG 接收站，年接收能力为 7082 万 t。

2.3.4 碳排放强度比较

2018 年世界碳排放强度为 0.4kg CO_2/美元，与上年持平。OECD 国家碳排放强度为 0.2kg CO_2/美元，与 2017 年持平。非 OECD 国家为 0.6kg CO_2/美元，同比下降 0.1kg CO_2/美元。非 OECD 国家的碳排放强度仍是 OECD 国家的近 3 倍。2018 年世界主要国家（地区）单位产值 CO_2 排放量如图 2-32 所示。

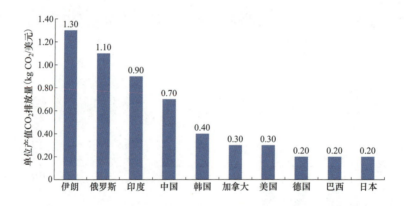

图 2-32　2018 年世界主要国家（地区）单位产值 CO_2 排放量

在世界能源消费大国中，伊朗碳排放强度最高，为 1.3kg CO_2/美元；其次为俄罗斯、印度和中国，分别为 1.1、0.9、0.7kg CO_2/美元；美国、加拿大均为 0.3kg CO_2/美元；德国、巴西、日本最低，均为 0.2kg CO_2/美元，低于世界平均水平的 1/2。

中国碳排放强度十年间降幅超过 36%。2008 年，中国碳排放强度高达 1.1kg CO_2/美元，是德国、日本的 5 倍多，是美国的 3 倍多。2018 年，中国碳排放强度下降到 0.7kg CO_2/美元，是德国、日本 3 倍多，美国 2 倍多。十年间中国碳排放强度降幅超过 36%。

3

2019 年国内外电力发展比较分析

3.1 世界电力发展现状

3.1.1 电力消费

2019 年，世界电力消费量为 23.0 万亿 kW·h，同比上升 2%。根据 Global Data 数据统计，2019 年世界电力消费量为 23.0 万亿 kW·h，同比增长 2%，增速较 2018 年下降 1.6 个百分点。2000—2019 年世界电力消费量变化情况如图 3-1所示。

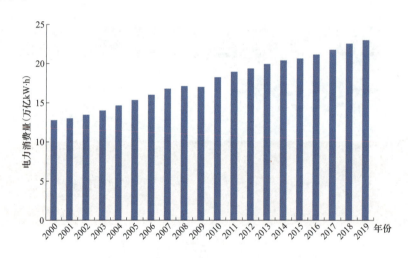

图 3-1　2000—2019 年世界电力消费量变化情况

2019 年，发达国家电力消费同比下降 0.9%。据 IEA 快报统计[1]，2019 年 OECD 国家电力消费量为 9.81 万亿 kW·h，同比下降 0.9%。其中，美国为 39 489 亿 kW·h，同比下降 1.3%；韩国为 5473 亿 kW·h，同比增长 2.8%；加拿大为 5327 亿 kW·h，同比增长 3.1%；德国为 5159 亿 kW·h，同比下降 3.2%；法国为 4476 亿 kW·h，同比增下降 0.1%；意大利为 3006 亿 kW·h，同比下降 0.8%；英国为 3045 亿 kW·h，同比下降 2.0%；日本为 9185 亿 kW·h，同

---

[1]　采用 IEA 快报数中的电力消费。

比下降 5.2%。

世界电力消费以工业用电为主。2018 年，世界电力消费仍以工业用电为主，约占总用电量的 42.0%，其次为居民生活用电，约占 26.9%，商业服务业用电占 21.5%，交通用电占 1.7%，其他（包括农业、农林、渔业等）占 7.9%。2018 年世界电力消费分行业构成如图 3-2 所示。

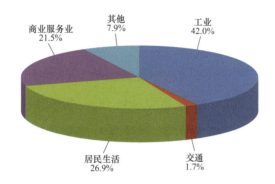

图 3-2　2018 年世界电力消费分行业构成

3.1.2　电力生产

（一）装机容量

2019 年世界发电装机同比增长 3.6%，达 74.7 亿 kW，仍以火电为主❶。其中，火电装机 43.4 亿 kW，占比 58.1%；水电装机 13.1 亿 kW，占比 17.6%；非水可再生能源装机 14.2 亿 kW，占比 19.0%；核电装机 4.0 亿 kW，占比 5.3%。

世界电源结构进一步向低碳方向发展。相比 2018 年，2019 年世界火电装机占总装机的比重下降 1.1 个百分点，水电比重保持不变，核电比重下降 0.3 个百分点，非水可再生能源比重上升 1.4 个百分点。

世界风电装机持续增长。2019 年，世界风电装机 6.5 亿 kW，同比增长 9.5%。分区域看，亚太地区风电装机 2.9 亿 kW，世界占比 44.6%；欧洲为

---

❶　数据来源：Global Data，中国装机数据来源于中电联，下同。

2.1 亿 kW，世界占比 31.7%；北美为 1.3 亿 kW，世界占比 19.2%。分国家看，中国风电装机 2.1 亿 kW，位居世界第一；其次为美国，风电装机 1.1 亿 kW；德国位居第三，风电装机 0.6 亿 kW。

世界太阳能光伏发电新增装机容量为 1.0 亿 kW，维持在较高水平。2019 年，世界太阳能光伏发电装机 6.0 亿 kW，同比增长 20%。分国家看，中国太阳能光伏发电装机 2.0 亿 kW，位居世界第一；美国位居第二，光伏发电装机 0.8 亿 kW；日本位居第三，光伏发电装机 0.6 亿 kW。

（二）发电量

2019 年世界发电量约为 25.7 万亿 kW·h，同比增长 2.2%[1]。从发电量结构看，火电、水电、核电、非水可再生能源发电量分别占总发电量的 63.5%、15.8%、10.2% 和 10.5%；火电、水电发电量比重分别同比下降 0.4、0.1 个百分点，非水可再生能源发电量比重较 2018 年上升 0.5 个百分点。2019 年世界发电量构成如图 3-3 所示。

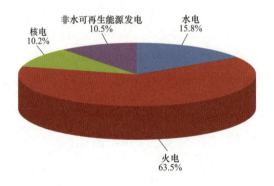

图 3-3　2019 年世界发电量构成

OECD 国家电力消费下降。IEA 快报数据显示，2019 年 OECD 国家电力生产总量为 105 486 亿 kW·h，同比下降 1.0%，可燃性燃料占比 56.1%，其中：煤电占比 22.1%；气电占比 29.0%，首次超过煤电，占比最高；油电占比 1.7%，生物质和垃圾发电占比 3.3%。核电占比 18.0%，水电占比 13.7%，

---

❶　数据来源：Global Data。

非水可再生能源发电占比 20.5%，近 1/5。2019 年 OECD 国家分燃料类型发电量占比如图 3-4 所示。

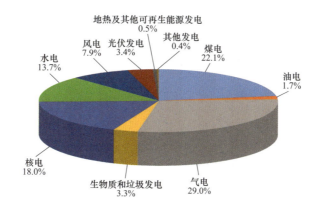

图 3-4　2019 年 OECD 国家分燃料类型发电量占比

OECD 国家发电量普遍下降。2019 年，OECD 亚太区域发电量下降最多，减少了 505 亿 kW·h，同比下降 2.7%；OECD 欧洲区域发电量减少 361 亿 kW·h，同比下降 1.0%；OECD 美洲区域发电量减少 194 亿 kW·h，同比下降 0.4%。

3.1.3　发电成本

（一）化石能源

1. 煤电

2019 年，世界煤电项目单位千瓦平均投资成本为 988 美元/kW[1]。2010—2019 年，除 2015 年成本在 900 美元/kW 以下，其余年份世界煤电成本在相对稳定的水平上下波动。2010—2019 年世界煤电投资成本变化情况见图 3-5。

分地区来看，各地区 2019 年煤电成本与 2018 年相比降幅很小。美洲地区煤电成本为 1909 美元/kW，其中阿根廷、智利、美国煤电成本较高，均超过 2000 美元/kW；非洲、欧洲和中东地区煤电成本为 2136 美元/kW，其中捷克、

---

❶　数据来源：GlobalData，下同。

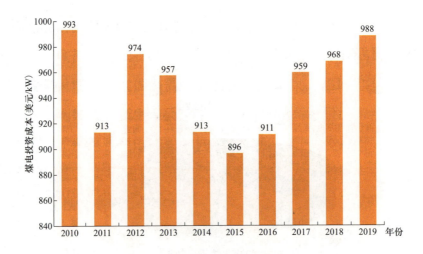

图 3-5　2010—2019 年世界煤电投资成本变化情况

芬兰、英国成本较高，均超过 2800 美元/kW，捷克达到 3462 美元/kW，意大利、法国、德国在 2200 美元/kW 左右，南非低于 2100 美元/kW；亚太地区煤电成本较低，为 1334 美元/kW 左右，其中中国最低，为 669 美元/kW；日本最高，超过 2700 美元/kW。

2. 油电

2019 年，世界油电项目单位千瓦平均投资成本为 992 美元/kW，较上年略有下降。2010—2019 年，世界油电项目单位千瓦平均投资成本在 912～1027 美元/kW 之间波动，2013 年世界达到最低水平 912 美元/kW，2014 年最高，达到 1027 美元/kW。2010—2019 年世界油电投资成本变化情况见图 3-6。

分地区来看，美洲地区油电成本较低，约为 896 美元/kW，其中墨西哥最高，超过 1300 美元/kW，哥伦比亚次之，接近 1000 美元/kW，美国、加拿大均在 950 美元/kW 左右；非洲、欧洲和中东地区油电成本为 966 美元/kW，其中英国最高，接近 2000 美元/kW，爱尔兰接近 1500 美元/kW，比利时、俄罗斯、荷兰也接近 1400 美元/kW；亚太地区油电成本约为 933 美元/kW，其中中国最低，为 693 美元/kW，日本最高，为 1239 美元/kW。

3. 气电

2019 年，世界气电项目单位千瓦平均投资成本为 1062 美元/kW，较上年

有所下降。2010－2019 年，世界气电成本在 1000～1200 美元/kW 之间波动。2010－2019 年世界气电投资成本变化情况见图 3-7。

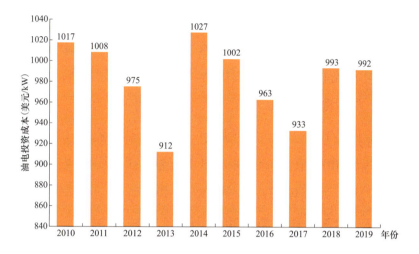

图 3-6　2010－2019 年世界油电投资成本变化情况

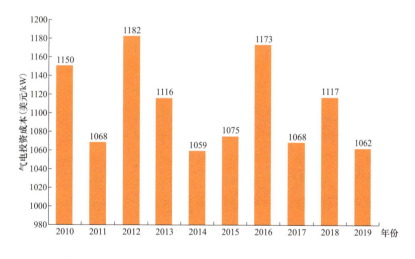

图 3-7　2010－2019 年世界气电投资成本变化情况

分地区来看，美洲地区气电成本为 1200 美元/kW，其中加拿大最高，为 1588 美元/kW，巴西、美国次之，分别为 1409 美元/kW、1400 美元/kW，阿根廷、墨西哥、秘鲁较低，均低于 1000 美元/kW；非洲、欧洲和中东地区气电成本为 1232 美元/kW，其中尼日利亚和保加利亚最高，成本为 1900 美元/kW 左右，伊朗和意大利最低，均低于 800 美元/kW；亚太地区气电成本较低，为

956 美元/kW 左右，其中中国最低，为 643 美元/kW，澳大利亚最高，超过 1607 美元/kW，日本超过 1500 美元/kW。

（二）非化石能源

世界非化石能源发电项目中，光热发电项目单位千瓦造价最高，2019 年约为 5774 美元/kW；光伏发电项目 2019 年单位造价继续下降，成为单位千瓦造价最低的品种，首次降到 1000 美元/kW 以下，为 995 美元/kW。 水电和陆上风电项目单位千瓦造价也较低，分别为 1704 美元/kW 和 1473 美元/kW。核电、生物质发电项目单位千瓦造价在 2000 美元/kW 以上，分别为 2848 美元/kW、2141 美元/kW。海上风电项目单位千瓦造价较高，为 3800 美元/kW。2010－2019 年世界非化石能源发电投资成本变化情况见图 3-8。

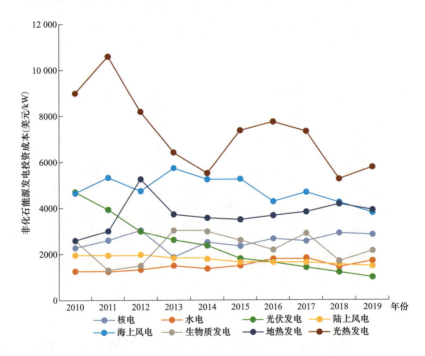

图 3-8　2010－2019 年世界非化石能源发电投资成本变化情况

从图 3-8 可以看出，2010－2019 年间，单位千瓦造价降幅最大的是光伏发电项目，从 2010 年的 4702 美元/kW 下降到 2019 年的 995 美元/kW，下降了 79%；陆上风电、海上风电成本呈下降趋势，比 2010 年分别下降了 28%、

18%；光热、生物质发电成本呈波动下降趋势，9 年间降幅分别为 36%、17%；核电在 2200～3100 美元/kW 之间波动；地热发电项目成本呈波动上升趋势；水电成本略有上升。

1. 核电

2019 年，世界核电项目单位千瓦平均投资成本为 2848 美元/kW，较上年有所下降。2010—2019 年，世界核电成本在 2200～3100 美元/kW 之间波动。2010—2019 年世界核电投资成本变化情况见图 3 - 9。

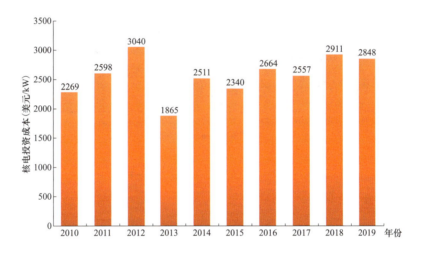

图 3 - 9　2010—2019 年世界核电投资成本变化情况

分地区来看，非洲、欧洲和中东地区核电成本较高，为 4601 美元/kW，其中斯洛文尼亚和南非亚最高，成本在 7000 美元/kW 以上，罗马尼亚最低，为 1638 美元/kW；亚太地区核电成本较低，为 2625 美元/kW 左右，其中印度最低，为 1835 美元/kW，中国为 2300 美元/kW；美洲地区核电成本为 4085 美元/kW，其中墨西哥最低，为 2987 美元/kW，美国为 4086 美元/kW。

2. 水电

如图 3 - 10 所示，2019 年世界水电单位千瓦造价为 1704 美元/kW❶，比 2010 年（1254 美元/kW）提高了 36%，度电成本为 0.047 美元/（kW·h），比

---

❶　数据来源于 IRENA，下同。

2010 年［0.037 美元/（kW·h）］提高了 28％，水电成本变化主要在于成本低的国家份额在减少，而一些成本高的国家份额在增加。小水电造价比大型水电高约 23％，2019 年小水电单位千瓦造价为 2092 美元/kW，大型水电单位千瓦造价为 1699 美元/kW。

图 3-10　2010—2019 年世界水电成本变化情况

3. 光伏发电

如图 3-11 所示，2019 年世界大型地面光伏发电单位千瓦造价为 995 美元/kW，比 2010 年（4702 美元/kW）下降了 79％，度电成本为 0.068 美元/（kW·h），比 2010 年［0.378 美元/（kW·h）］下降了 82％。2019 年，印度大型地面光伏发电成本世界最低，单位千瓦造价为 618 美元/kW，度电成本为 0.045 美元/kW。其次是中国，794 美元/kW，度电成本为 0.054 美元/kW。俄罗斯光伏造价世界最高，2117 美元/kW；其次是日本，2070 美元/kW。意大利、德国、土耳其、法国、沙特阿拉伯光伏造价均低于 1000 美元/kW。美国光伏造价为 1221 美元/kW，澳大利亚为 1236 美元/kW。

2019 年，世界居民光伏发电度电成本基本在 0.063～0.265 美元/（kW·h）之间，其中印度、中国、澳大利亚、马来西亚依次最低，分别为 0.063、0.067、0.075、0.095 美元/（kW·h）。2019 年，世界商业光伏（500kW 及以下）度电成本基本在 0.062～0.187 美元/（kW·h）之间，印度和中国依次最低，

图 3-11 2010－2019 年世界光伏发电成本变化情况

分别为 0.062、0.064 美元/（kW·h），英国最高，高达 0.187 美元/（kW·h）。

4. 风电

如图 3-12 所示，2019 年世界陆上风电单位千瓦造价为 1473 美元/kW，比 2010 年（1949 美元/kW）下降了 24％；度电成本为 0.053 美元/（kW·h），比 2010 年［0.086 美元/（kW·h）］下降了 39％。世界主要区域陆上风电度电成本低于 0.05 美元/（kW·h）的国家有亚洲（中国、印度）、欧洲（芬兰、瑞士）、北美（美国）、非洲（埃及）、南美洲（阿根廷和巴西）。中国陆上风电度电成本为 0.046 美元/（kW·h），巴西陆上风电度电成本为 0.048 美元/（kW·h），印度陆上风电度电成本为 0.049 美元/（kW·h）。

如图 3-13 所示，2019 年世界海上风电单位千瓦造价为 3800 美元/kW，比 2010 年（4650 美元/kW）下降了 18％，度电成本为 0.115 美元/（kW·h），比 2010 年［0.161 美元/（kW·h）］下降了 29％。丹麦海上风电度电成本世界最低，为 0.087 美元/（kW·h），其他海上风电发展较好的欧洲国家，比利时、德国、英国，海上风电度电成本分别 0.119、0.120、0.121 美元/（kW·h）。亚洲地区，中国海上风电度电成本为 0.112/（kW·h），日本海上风电度电成本为 0.198 美元/（kW·h）。

图 3-12　2010—2019 年世界陆上风电成本变化情况

图 3-13　2010—2019 年世界海上风电成本变化情况

5. 生物质发电

如图 3-14 所示，2019 年世界生物质发电单位千瓦造价为 2141 美元/kW，比 2010 年（2588 美元/kW）下降了 17%，度电成本为 0.066 美元/（kW·h），比 2010 年［0.076 美元/（kW·h）］下降了 13%。中国和印度生物质发电度电成本较低，分别为 0.057、0.059 美元/（kW·h）。欧洲、北美生物质发电度电成本较高，分别为 0.08、0.099 美元/（kW·h）。

图3-14　2010—2019年世界生物质发电成本变化情况

6. 地热发电

如图3-15所示，2019年世界地热发电单位千瓦造价为3916美元/kW，比2010年（2588美元/kW）提高了51%；度电成本为0.073美元/（kW·h），比2010年［0.049美元/（kW·h）］提高了49%。

图3-15　2010—2019年世界地热发电成本变化情况

7. 光热发电

如图3-16所示，2019年世界光热发电单位千瓦造价为5774美元/kW，比2010年（8987美元/kW）下降了36%；度电成本为0.182美元/（kW·h），比2010年［0.346美元/（kW·h）］下降了47%。

图 3-16　2010—2019 年世界光热发电成本变化情况

3.1.4　大电网互联

（一）欧洲互联电网

欧洲互联电网（ENTSO-E，简称欧洲电网）包括欧洲大陆、北欧、波罗的海、英国、爱尔兰五个同步电网区域，此外还有冰岛和塞浦路斯两个独立系统。欧洲电网东部与俄罗斯、白俄罗斯、乌克兰、摩尔达维亚互联，南部与阿尔巴尼亚互联，东南部与土耳其互联，西南部与非洲摩洛哥互联。截至 2018 年底，欧洲电网 220kV 及以上交流输电线路总长度约为 30.8 万 km，电网总装机容量约为 11.63 亿 kW，发电量为 3.66 万亿 kW·h，用电量约为 3.63 万亿 kW·h。全部电力交换电量约为 4671 亿 kW·h，达到用电量的 12.9%。ENTSO-E 覆盖的欧洲国家示意如图 3-17 所示。

1. 装机容量

欧洲电网发电装机同比增加 1.0%。2018 年，欧洲电网发电装机容量达到 11.63 亿 kW，同比增加 1.0%。核电装机容量为 1.22 亿 kW，火电装机为 4.55 亿 kW，水电装机为 2.39 亿 kW，非水可再生能源装机达 3.41 亿 kW。其中，风电装机为 1.85 亿 kW，太阳能发电装机为 1.18 亿 kW。

欧洲电网装机以火电为主，占总装机容量的 40% 左右。2018 年，欧洲电网火电装机占比最高，占比 39.1%，其次为水电，占比 20.6%，风电约占

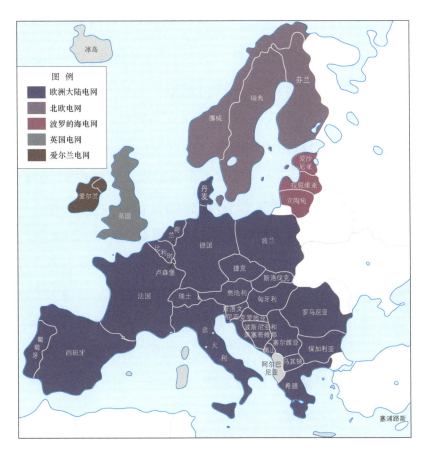

图 3 - 17   ENTSO - E 覆盖的欧洲国家示意

注：图片资料来自 ENTSO - E 网站。

15.9％，核电约占 10.5％，太阳能发电约占 10.1％。2018 年 ENTSO - E 发电装机构成如图 3 - 18 所示。

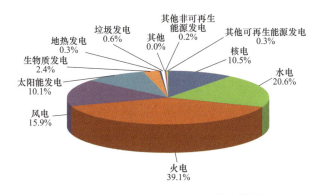

图 3 - 18   2018 年 ENTSO - E 发电装机构成

2. 电力生产与消费

ENTSO - E 发电量同比小幅下降。2018 年，ENTSO - E 成员国总发电量为 36 591 亿 kW•h，同比下降 0.5%。其中，核电发电量为 8088 亿 kW•h，火电发电量为 14 888 亿 kW•h，水电发电量为 6449 亿 kW•h，非水可再生能源发电量为 6847 亿 kW•h。从发电量构成比例看，火电发电量占 40.7%，同比下降 5.7 个百分点；核电占 22.1%，同比上升 0.1 个百分点；水电占 17.6%，同比上升 9.1 个百分点；风电等非水可再生能源发电占 18.7%，同比上升 2.9 个百分点。

ENTSO - E 非水可再生能源发电量占比大幅提高。2010—2018 年，ENTSO - E 火电占比从 48.8% 下降到 40.7%，下降 8.1 个百分点；核电占比从 26.3% 下降到 22.1%，下降 4.2 个百分点；水电占比从 17.1% 上升到 17.6%，上升了 0.5 个百分点；非水可再生能源占比从 7.7% 增加到 18.7%，上升了 11 个百分点。

ENTSO - E 电力消费量同比小幅下降。2018 年，ENTSO - E 成员国消费电量达 36 284 亿 kW•h，同比下降 0.2%。

3. 电力联网

ENTSO - E 成员国中，以德国、法国、意大利为代表的大部分国家输电线路的电压等级集中在 220kV 和 380/400kV；塞浦路斯、爱沙尼亚、立陶宛、北爱尔兰几个国家主要以低压输电线路为主。欧洲电网各成员国之间主要是通过 220kV 和 380kV 交流线路互联，部分是通过 400、330、220kV 及以下电压等级输电线路实现互联。

截至 2018 年底，欧洲电网各成员国间共有电网联络线 423 条，其中，交流线路 393 条，直流线路 30 条。交流联络线中，380～400kV 联络线最多，共 130 条；其次为 200～380kV 和 220kV 以下联络线，分别为 110 条和 89 条。直流联络线以 220～380kV 为主，共有 17 条；其次为 400kV 以上联络线，共有 7 条；380～400kV 联络线共有 5 条；220kV 以下联络线 1 条。

从欧洲电网输电线路回路长度上看，截至 2018 年底，ENTSO - E 各国

220kV 及以上交流输电线路总长度达到 30.8 万 km，其中交流电缆长度为 5567km。2018 年 ENTSO-E 输电线路回路长度情况如表 3-1 所示。

表 3-1　　　　2018 年 ENTSO-E 输电线路回路长度情况　　　　　　　km

电压等级	400kV 以上	380~400kV	220~380kV	110~220kV	合计
交流输电线路	385	17 6703	131 065	166 547	474 700
其中：交流电缆	—	4558	1009	—	5567
直流电缆	—	4527	3002	1162	8691

数据来源：Statistical Factsheet 2018。

4. 电力交换

2018 年，ENTSO-E 全部电力交换量（进口和出口电量之和，含 ENTSO-E 成员国与周边非 ENTSO-E 成员国的电力交换）为 4671 亿 kW·h，与上年基本持平，其中外部电力交换量 322 亿 kW·h，同比减少 0.9%，ENTSO-E 成员国之间的电力交换量为 4349 亿 kW·h，与上年基本持平。

（二）北美联合电网

1. 网架情况

北美联合电网由西部互联电网、东部互联电网、得克萨斯电网及魁北克互联电网组成，如图 3-19 所示，涵盖美国、加拿大和墨西哥境内的下加利福尼

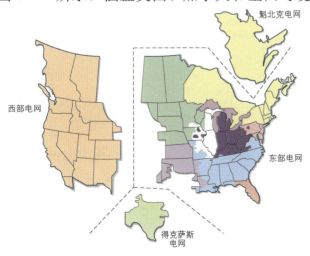

图 3-19　北美联合电网组成示意图

亚州，总覆盖面积为 1139 万 km²。不同的互联电网并不是同步的，没有交流互联通道，并且直流互联通道的容量也有限制。迄今为止，在东部和西部互联电网之间，只有少量的直流线路，其互联通道容量约为 2 GW，在东部互联电网和得克萨斯电网之间，有一个互联通道，其容量为 2.6GW。

北美四个同步电网之间联网情况，东部电网通过 6 条直流线路与西部相联；东部电网与魁北克电网通过 5 条交流输电线路和一套变频变压器相联；得克萨斯电网与东部电网通过 2 条直流线路互联，与墨西哥电网通过 1 条直流线路和 1 套变频变压器互联。

2. 电力交换情况

北美联合电网中，美国是电能净进口国，加拿大、墨西哥是电力净出口国，美国和加拿大之间电量交换大、与墨西哥之间电量交换较小。美国北部各电力公司和加拿大魁北克、安大略等电力公司之间长期进行电力交换。如表 3-2 所示，2019 年，美国进出口电量合计 791 亿 kW·h，同比增加 9.7%，与 2000 年相比，增长 25.0%。

表 3-2　　　　　　　美国与加拿大、墨西哥的电力交换情况　　　　　亿 kW·h

项目	2000 年	2010 年	2015 年	2016 年	2017 年	2018 年	2019 年
进口电力	485.9	450.8	757.7	727.2	656.9	582.6	590.5
出口电力	146.8	191.1	91.0	62.1	93.7	138.0	200.1
进出口合计	632.7	641.9	848.7	789.3	750.6	720.6	790.6

数据来源：IEA，Electricity Information 2020。

3. 电网规划

基于未来美国电网发展为东部、西部 2 个同步电网的构想，未来北美电网将形成东部、西部和魁北克 3 个同步电网结构。北美联合电网计划用十年时间新增 100kV 以上输电线路 5.99 万 km（见表 3-3），其中，建设中的线路长度约 1.26 万 km，规划中的线路约 3.48 万 km，处在初步讨论阶段的线路长度约 1.24 万 km。

表 3-3　　　　　北美联合电网 2015－2024 年输电线路规划情况　　　　　km

类别	建设中	规划中	考虑中	合计
东部电网	11 203	20 719	3715	35 637
魁北克电网	450	1164	336	1950
得克萨斯电网	144	1153	720	2016
西部电网	803	11 816	7669	20 288
总计	12 597	34 851	12 438	59 887

数据来源：NERC。

（三）南部非洲电网

1. 装机情况

南部非洲电力联盟（Southern African Power Pool，SAPP）共有博茨瓦纳、莫桑比克、马拉维、安哥拉、南非、莱索托、纳米比亚、民主刚果、斯威士兰、坦桑尼亚、赞比亚、津巴布韦 12 个成员国，除马拉维、安哥拉外，SAPP 的其他成员国电网之间基本实现了互联。以水电为主的北部地区和以火电为主的南部地区，通过 132、220kV 和 400kV 线路互联，电网互联情况如图 3-20 所示。

截至 2019 年 3 月底，南部非洲电网总装机为 7132 万 kW，其中煤电占比 59.7％，水电占比 21.4％，油气占比 9.5％，风电比占 3.5％，核电占比 2.6％，太阳能光伏占比 2.5％，光热占比 0.7％。

2. 电力交换

为缓解输电瓶颈，规划中的重点跨国输电项目有赞比亚、坦桑尼亚和肯尼亚互联工程，莫桑比克和马拉维互联工程，纳米比亚和安哥拉互联工程，津巴布韦、赞比亚、博茨瓦纳和纳米比亚互联工程，莫桑比克、津巴布韦和南非互联工程。2018－2019 年 SAPP 成员国总装机总量及电力进出口情况如表 3-4 所示。

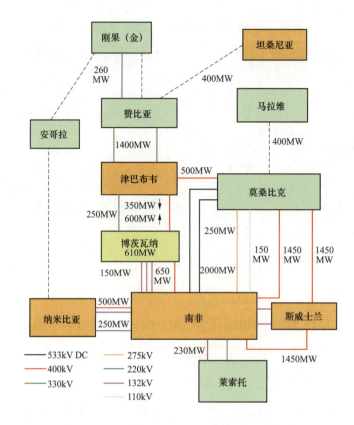

图 3-20　南部非洲电网互联情况示意图

资料来源：南部非洲电力联盟网站。

表 3-4　　2018—2019 年 SAPP 成员国总装机容量及电力进出口情况

国家（地区）	总装机容量 （MW）	发电量 （百万 kW·h）	进口 （百万 kW·h）	出口 （百万 kW·h）
安哥拉	5236	13 190	61	0
博茨瓦纳	928	4203	312	0
刚果（金）	2624	8639	750	70
斯瓦蒂尼	61	266	926	0
莱索托	74	332	294	1
马拉维	497	1986	41	2
莫桑比克	2744		52	457
纳米比亚	614	1289	3537	114
南非	50 774	218 939	3	4169

国家（地区）	总装机容量 （MW）	发电量 （百万 kW·h）	进口 （百万 kW·h）	出口 （百万 kW·h）
坦桑尼亚	1566		121	0
赞比亚	2926	15 947	17	1272
津巴布韦	2412	8513	828	356

数据来源：SAPP. Annual Report 2019。

3. 电网规划

SAPP 计划 2020－2023 年间新增装机 1823.9 万 kW（见表 3-5）。其中，38％的新增装机来自可再生能源发电。

表 3-5　　　　　　SAPP 2020－2023 年新增装机规划　　　　　　MW

国家	2020 年	2021 年	2022 年	2023 年	合计	占比
安哥拉	65		2100		2165	11.9％
博茨瓦纳	410				410	2.2％
刚果（金）	360				360	2.0％
斯瓦蒂尼	10				10	0.1％
莱索托		20			20	0.1％
马拉维	60	278		158	596	3.3％
莫桑比克	30		550		580	3.2％
纳米比亚	220	44			264	1.4％
南非	1219	2342	1525	805	5891	32.3％
坦桑尼亚	27	1500	3430	600	5557	30.5％
赞比亚	765	120	200	101	1186	6.5％
津巴布韦	600	600			1200	6.6％
合计	3766	4904	7805	1764	18 239	100％

数据来源：SAPP. Annual Report 2019。

（四）中国电网

1. 电网互联现状

近年来，中国在加强和完善各地区电网主网架的同时，加快跨省跨区联

71

网建设。2005 年以来，中国已建成多项跨区电网互联工程，实现了中国内地电网互联，形成华北－华中、华东、东北、西北、南方五个同步电网运行的格局。

华北、华中通过 1000kV 交流联网，东北与华北通过高岭背靠背直流实现异步联网，西北与华中通过灵宝背靠背直流、德阳－宝鸡±500kV 直流、哈密－郑州±800kV 直流实现异步联网，西北与华北通过宁东（银川东）－山东（青岛）±660kV 直流实现异步联网，华中与华东通过葛洲坝－上海（南桥）、三峡（龙泉）－江苏（政平）、三峡（宜都）－上海（华新）、三峡（荆门）－上海（枫泾）±500kV 直流以及金沙江（向家坝）－上海（奉贤）、雅砻江（锦屏）－江苏（同里）、金沙江（溪洛渡）－浙西（金华）±800kV 直流工程实现异步联网，华中与南方电网通过三峡（荆州）－广东（惠州）±500kV 直流实现异步联网。

2. 输电通道建设情况

2019 年，中国继续加强新能源并网和送出工程建设。建成世界电压等级最高、送电距离最远的准东－皖南±1100kV 特高压直流输电工程，建成上海庙－山东±800kV 特高压直流输电工程，建成 15 条提升省内新能源送出能力的重点输电通道。截至 2019 年底，国家电网建成投运"十交十一直"21 项特高压工程，核准、在建"四交三直"8 项特高压工程。国家电网公司经营区跨省跨区域输电通道设计容量达 2.1 亿 kW，特高压累计输送电量超过 1.6 万亿 kW•h，电网资源配置能力不断提升。

省内输电通道建设： 建成投运甘肃河西走廊 750kV 第三通道、陕北风电基地 750 kV 集中送出工程等 15 项提升新能源消纳能力的省内重点输电工程，提升新能源外送能力在 820 万 kW 以上。

跨省跨区通道建设： 建成上海庙－山东、准东－皖南特高压直流输电工程，新增特高压输电线路 4562km，新增输电能力超过 2200 万 kW。开工建设 1000kV 张北－雄安特高压交流工程，如图 3-21 所示。

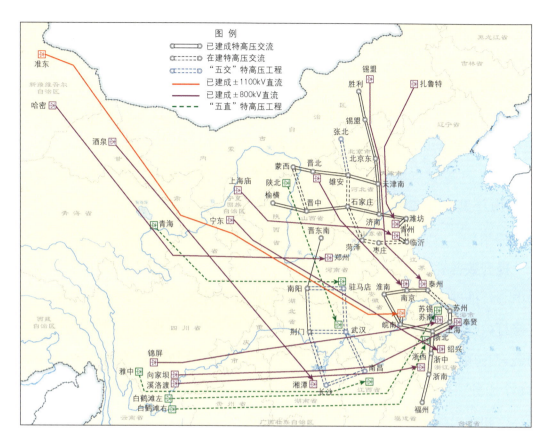

图 3-21　国家电网公司 2019 年底在运、在建及"十交十一直"工程示意图

3. 电网数字化现状

2019 年，中国电网智能化数字化水平持续提升，能源互联网功能形态作用逐步彰显，电力大数据为各行各业赋能，开放共享、互利共赢的能源生态圈不断壮大。

探索新业务新业态新模式。2019 年，国家电网公司选取 18 家省公司开展多站融合数据中心站融合试点建设，120 座数据中心站落地运营。聚焦政府、企业及居民客户需求，规划 43 项数据产品体系。组织部分省公司开展需求响应、客户侧储能等方面商业模式试点验证，覆盖用户近 6000 户。围绕物联网融资等 10 个重点领域，推动物联网金融产品落地。天津滨海、上海松江、南京溧水、杭州滨江 4 个示范区试点初步建成。

重点建设项目扎实推进。2019 年，新一代电力交易平台完成省间功能研发，现货交易功能在 6 家试点单位上线。统筹输变电、配电台区和综合能源服务物联感知需求，组织 15 家试点单位推进场景建设。构建营配贯通统一数据模型与维护标准，营配增量数据维护及时率达 100%，贯通率提升 5%。完成云平台、数据中台产品技术验证、框架采购及各单位选型和部署规划，实现总部和 21 家试点单位部署上线。完成客户服务和电网资源业务中台设计，形成 19 个共享服务中心。数字化审计实现上线应用，覆盖财务、营销 175 个审计场景。

提升数据管理能力，挖掘数据价值。2019 年，国家电网公司组建国网大数据中心，推进建立两级数据目录，构建数据管理体系。完善数据共享机制，制定修订数据应用授权管理办法和数据共享负面清单管理制度。推动数据应用，围绕客户用电行为等 12 个方向培育 40 个大数据应用成果，发布 7 个服务域、221 个服务项目的服务目录。规划 148 项数字产品服务政府科学决策、企业智慧运营和居民趣味用能。

3.1.5　世界电力发展特点

（1）世界电力消费量同比增长 2.0%，发达国家电力消费下降。

2019 年世界电力消费量为 23.0 万亿 kW·h，同比增长 2.0%，增速较 2018 年下降 1.6 个百分点。2019 年 OECD 国家电力消费量为 9.81 万亿 kW·h，同比下降 0.9%。

（2）世界电源结构进一步向低碳方向发展。

2019 年，世界风电装机新增 0.57 亿 kW，累计 6.50 亿 kW；世界太阳能光伏发电新增装机 1.0 亿 kW，累计 6.0 亿 kW。2019 年，世界火电装机占比 58.1%，比 2018 年下降了 1.1 个百分点；非水可再生能源装机占比 17.6%，比 2018 年上升了 1.4 个百分点。

（3）非水可再生能源发电量增幅仍在高位。

2019 年，世界太阳能、风能、地热、生物质和其他非水可再生能源的发电量为 26 956 亿 kW·h，较 2018 年增长 1803 亿 kW·h，同比增长 7.2%。火电、水电、核电、非水可再生能源发电量分别占总发电量的 63.5%、15.8%、10.2% 和 10.5%，火电、水电发电量比重分别下降 0.4、0.1 个百分点，非水可再生发电量比重上升 0.5 个百分点。

（4）非水可再生能源发电项目发电成本稳步下降。

世界非化石能源发电项目中，光热发电项目单位千瓦造价最高，2019 年为 5774 美元/kW；光伏发电项目 2019 年单位造价继续下降，成为单位千瓦造价最低的品种，首次降到 1000 美元/kW 以下，为 995 美元/kW。陆上风电项目、海上风电项目单位千瓦造价分别为 1473 美元/kW 和 3800 美元/kW。生物质发电项目单位千瓦造价为 2141 美元/kW。地热发电项目单位千瓦造价为 3916 美元/kW。2010－2019 年间，单位千瓦造价降幅最大的是光伏发电项目，2010－2019 年的九年间下降了 79%。

3.2 主要国家电力发展比较

3.2.1 电力消费比较

2019 年世界十大电力消费国依次为中国、美国、印度、日本、俄罗斯、巴西、韩国、加拿大、德国和法国，总消费电量约为 16.0 万亿 kW·h，约占世界总消费电量的 69.4%[1]。其中，中国、美国和印度的电力消费量超过 1 万亿 kW·h。2019 年世界十大电力消费国电力消费量如图 3-22 所示。

---

[1] 数据来源：Global Data。

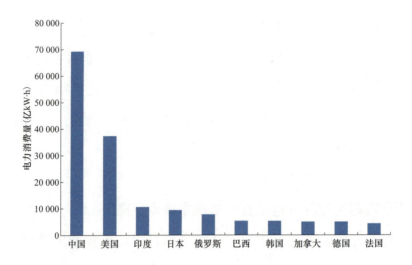

图 3-22 2019 年世界十大电力消费国电力消费量

受宏观经济运行稳中趋缓、年用电量增速基数偏高、夏季气温比上年偏低和冬季气温比上年偏高等因素综合影响，中国全社会用电量实现稳定增长。2019 年，中国全国全社会用电量为 72 486 亿 kW·h，同比增长 4.4%，增速比上年下降 4.0 个百分点。2010—2019 年中国全社会用电量及其增速情况见图 3-23。

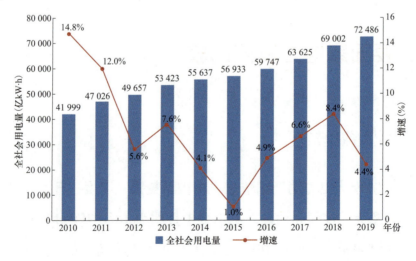

图 3-23 2010—2019 年中国全社会用电量及其增速情况

中国第二产业用电量依然是拉动全社会用电量增长的主力。 2019 年，第一产业用电量为 779 亿 kW·h，同比增长 4.4%；第二产业用电量为 49 595 亿 kW·h，同比增长 3.1%，拉动全年全社会用电量增长 2.1 个百分点，比 2018 年回落 2.8 个百分点，依然是全社会用电量增速提高的最主要动力；第三产业用电量为 11 861 亿 kW·h，同比增长 9.4%；城乡居民生活用电量为 10 250 亿 kW·h，同比增长 5.7%。2019 年，中国人均用电量为 5186kW·h，比上年增加 241kW·h。

中国电力消费结构持续优化。2019 年，中国第一、第二、第三产业和城乡居民生活用电量占全社会用电量的比重分别为 1.1%、68.4%、16.4% 和 14.1%。与 2018 年相比，第三产业和城乡居民生活用电量占比分别提高 0.7、0.1 个百分点；第二产业用电量占比降低 0.8 个百分点。2018、2019 年全国电力消费结构见图 3-24。

图 3-24 2018、2019 年全国电力消费结构

美国、法国电力消费以居民用电和商业服务业用电为主[1]。2018 年，美国电力消费构成为居民生活用电占比 37.5%，商业服务业用电占比 35.2%，工业用电占比 19.8%，农业渔业用电占比 1.2%，交通用电占比 0.3%，其他占比 6.1%。2018 年，法国居民生活用电占比 36.0%，商业服务业用电占比

---

❶ 数据来源：IEA，World Energy Balances。

31.5%，工业用电占比 28.1%，交通用电占比约 2.4%，农业渔业用电占比约 1.9%，其他占比 0.2%。

日本、德国电力消费以工业和商业服务业用电为主。2018 年，日本工业用电占比 36.4%，商业服务业用电占比 33.8%，居民生活用电占比 27.6%，交通用电占比 1.8%，农业渔业用电占比 0.3%。2018 年，德国工业用电占比 44.9%，商业服务业务用电占比 26.7%，居民生活用电占比 25.0%，交通用电占比约 2.4%。

加拿大电力消费以居民、工业、商业服务业用电为主。2018 年，加拿大工业用电占比 35.1%，居民生活用电占比 32.9%，商业服务业用电占比 28.5%，农业渔业用电占比 2.0%，交通用电占比约 1.5%。

韩国、印度、巴西、俄罗斯电力消费均以工业为主。2018 年，韩国工业用电占比 52.5%，商业服务业占比 31.1%，居民生活占比 12.7%，农业渔业占比 3.2%，交通用电占比 0.6%。2018 年，印度工业用电占比 40.6%，其次为居民用电，占比约 25.6%，交通用电占比约 1.5%，农业渔业用电占比 17.6%，商业服务业用电占比 9.2%。2018 年，巴西工业用电占比 39.5%，其次是居民用电，占比 27.1%，商业服务业用电占比 26.8%，交通用电占比 0.6%，农业渔业用电占比 6.0%。2018 年，俄罗斯工业用电占比 44.8%，居民生活用电占比 21.9%，商业服务业用电占比 20.0%，农业渔业用电占比 2.5%，交通用电占比约 10.8%。

3.2.2 电力生产比较

（一）发电装机容量

2019 年发电装机容量前十名的国家依次为中国、美国、印度、日本、俄罗斯、德国、巴西、加拿大、法国和韩国，总装机容量约为 51.1 亿 kW，约占世界总装机容量的 68.5%。其中，中国和美国的发电装机容量超过 10 亿 kW。2019 年前十名国家发电装机容量如图 3-25 所示。

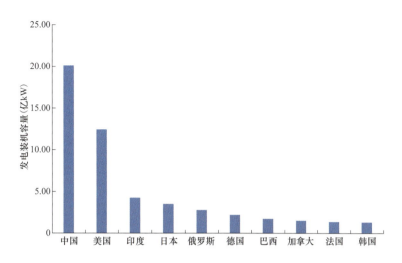

图 3 - 25　2019 年前十名国家发电装机容量

中国发电装机容量稳步增长。截至 2019 年底，全国发电装机容量为 20.10 亿 kW，同比增长 5.8%，增速比上年回落 0.7 个百分点。2010－2019 年全国发电装机容量及同比增速情况见图 3-26。

图 3 - 26　2010－2019 年全国发电装机容量及同比增速情况

近年来，中国鼓励发展节能型、环保型和可持续的清洁发电类型，新能源发电规模持续增长，同时放缓燃煤发电的建设步伐。火电装机增速持续放缓，发电装机结构进一步优化，非化石能源发电装机容量占比超过 40%。2019 年，中国非化石能源发电装机容量占全国总装机容量的 40.8%，比 2018 年提高 0.9%；风电、太阳能发电装机容量占比分别为 10.4%、10.2%，较 2018 年分别提高 0.7 和 1.0 个百分点；火电装机容量占比 59.2％，较 2018 年下降 1.0 个百分点；水电装机容量占比 17.8％，较 2018 年下降 0.8 个百分点；核电装机容量占比 2.4％，与 2018 年基本持平。2018、2019 年全国分类型发电装机容量占比情况见图 3-27。

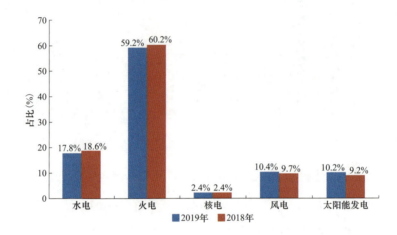

图 3-27　2018、2019 年全国分类型发电装机容量占比情况

美国装机以气电为主。2019 年，美国装机约为 12.43 亿 kW，同比增长 1.7％。其中，气电装机占比 43.9％，煤电装机占比 20.7％，水电和核电占比分别为 8.1％ 和 7.8％，风电占比为 8.5％，太阳能占比为 6.3％。2019 年，美国煤电装机减少 706 万 kW，核电装机减少 150 万 kW，气电、风电、太阳能发电装机分别增加 721 万、910 万、1325 万 kW。

法国装机以核电为主。2019 年，法国装机容量为 1.36 亿 kW，同比增加 2.0％。其中，核电装机占比 46.2％，水电装机占比 18.9％，火电装机占比 13.6％，风电装机占比 12.1％，太阳能发电占比 7.6％。2019 年法国煤电装机与上年持平，油电减少 4 万 kW，风电、太阳能分别增加 139 万、90 万 kW。

印度装机仍以煤电为主。2019 年，印度装机容量为 4.25 亿 kW，其中煤电占比 55.7％，风电等非水可再生能源占比 19.9％，水电占比 12.1％，气电占比 7.4％，核电占比 1.7％，油电占比 3.3％。

加拿大、巴西装机以水电为主。2019 年，加拿大发电装机容量约为 1.50

亿 kW，其中，水电占比 53.9%，气电占比 13.8%，风电等非水可再生能源占比 13.4%，核电占比 9.0%，煤电比占 5.9%，油电占比 4.0%。2019 年，巴西发电装机容量约为 1.72 亿 kW，其中，水电装机比重约占 63.4%，火电约占 15.3%，风电等非水可再生能源占比 20.3%，核电占比 1.1%。

（二）发电量

2019 年中国发电量最高，达到 73 269 亿 kW·h❶。年发电量超过 1 万亿 kW·h 的共有 5 个国家，依次为中国、美国、印度、俄罗斯、日本。2019 年世界发电量前十名的国家如图 3-28 所示。

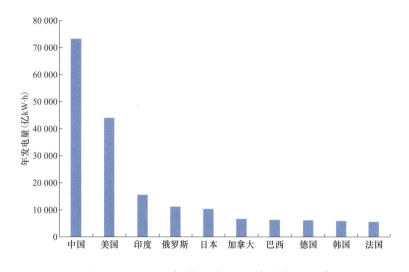

图 3-28　2019 年世界发电量前十名的国家

受电力消费不断增加和清洁能源消纳水平持续提高的影响，除火电发电量增速放缓外，中国其他类型发电量均较快增长。2019 年，中国全口径发电量达到 73 269 亿 kW·h，同比增长 4.7%，增速比上年回落 3.6 个百分点。其中太阳能发电量和核电发电量增速较大，比 2018 年分别增长 26.4% 和 18.2%。火电发电量占全国发电量占比较 2018 年降低 1.5 个百分点，其他类型发电量占比较 2018 年均有所提高，其中核电占比较 2018 年提高 0.6 个百分点。2018、2019

❶　中国数据来自中国电力企业联合会。

年中国分类型发电量占比情况如图 3-29 所示。中国风电、太阳能合计发电量及占比情况如图 3-30 所示。

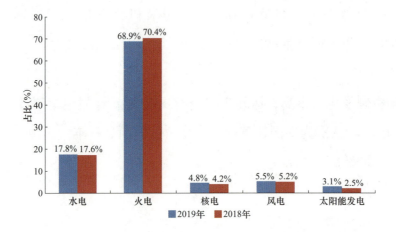

图 3-29　2018、2018 年中国分类型发电量占比情况

图 3-30　中国风电、太阳能合计发电量及占比情况

美国发电量以火电为主，2019 年发电量❶约为 4.40 万亿 kW·h，同比下降 1.3%。 其中，风电等非水可再生能源发电量为 4898 亿 kW·h，同比增长 8.5%；水电发电量为 2712 亿 kW·h，同比下降 6.3%；火电发电量为 26 514 亿

---

❶　其他来自 GlobalData。

kW·h，同比下降7.1%；核电发电量为8520亿kW·h，同比上升0.1%。火电、核电、水电、非水可再生能源发电量占总发电量的比例分别为58.4%、19.4%、6.2%、11.1%。

印度发电量以火电为主，2019年发电量为15 587亿kW·h，同比增长0.5%。其中，火电发电量为12 116亿kW·h，同比降低3.0%，占比77.7%；非水可再生能源发电量为1349亿kW·h，同比增加9.9%，占比8.7%；核电发电量为452亿kW·h，同比增加15.6%，占比2.9%；水电发电量为1618亿kW·h，同比增加15.9%，占比10.4%。

俄罗斯发电量以火电为主，2019年发电量为11 181亿kW·h，同比增长0.8%。其中，火电发电量为7086亿kW·h，同比增加0.6%，占比63.4%；核电发电量为2090亿kW·h，同比增长2.2%，占比18.7%；水电发电量为1944亿kW·h，同比增长2.0%，占比17.4%。非水可再生能源发电量为18亿kW·h，占比0.2%。

日本发电量以火电为主，2019年发电量约为10 363亿kW·h，同比降低1.9%。其中风电等非水可再生能源发电量为1212亿kW·h，同比增长25.2%；水电发电量为739亿kW·h，同比降低8.8%；火电发电量为7333亿kW·h，同比降低5.5%。日本火电发电量占比高达70.8%，水电、非水可再生能源、核电占比分别为7.1%、11.7%、6.3%。

加拿大发电量以水电为主，2019年发电量约为6604亿kW·h，同比增加1.2%。其中，水电发电量为3820亿kW·h，同比下降1.0%，占比57.8%；非水可再生能源发电量为493亿kW·h，同比增长4.7%，占比7.5%；核电发电量为1005亿kW·h，同比下降0.5%，占比15.2%；火电发电量为1280亿kW·h，同比增加8.0%，占比19.4%。

德国发电量以火电为主，2019年发电量约为6124亿kW·h，同比下降4.8%。其中，风电等非水可再生能源发电量为2241亿kW·h，同比增长8.4%；水电发电量为202亿kW·h，同比增长12.2%；火电发电量为2673亿kW·h，同比降低 15.4％；核电发电量为 751 亿 kW·h，同比降低 1.2％。德国火电、风电等非水可再生能源、核电、水电发电量占比分别为 43.6％、36.6％、12.3％、3.3％。

3.3 主要国家电力发展关键指标比较

3.3.1 人均装机及用电量比较

2018 年中国人均装机 1.36kW，仍不足美国、德国等发达国家人均水平的 1/2[1]。2018 年，在世界电力生产大国中，加拿大、美国、日本人均装机最高，分别达到 4.01、3.42、2.76kW；日本、韩国的人均装机也在 2kW 以上，法国、意大利人均装机在 1.9kW 以上。中国人均装机近十年来保持了快速增长，2008－2018 年间，年均增速 9％。2018 年中国人均装机 1.36kW，但仍不及加拿大、美国、德国等发达国家人均水平的 1/2。2008、2018 年部分国家人均装机情况如图 3-31 所示。

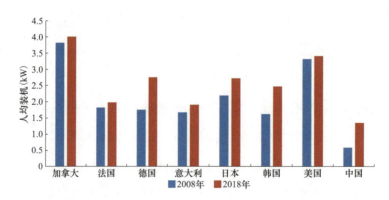

图 3-31　2008、2018 年部分国家人均装机情况

2018 年中国人均用电量为 4906kW·h，约为日本的 61％、美国的 37％、加

---

❶ 数据来源：IEA，World Energy Balances，Electricity Information。

拿大的 **32%**。中国人均用电量与发达国家相比差距明显。2018 年，在世界主要国家中，加拿大人均用电量达 15 438kW•h，美国人均用电量达 13 098kW•h，日本、法国人均用电量都在 7000kW•h 以上，印度在世界主要国家中人均用电量最低，约 968kW•h。2008、2018 年主要国家人均用电量情况如图 3 - 32 所示。

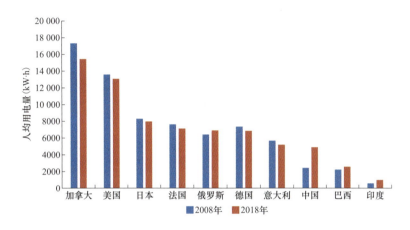

图 3 - 32　2008、2018 年主要国家人均用电量情况

2008—2018 年，中国人均用电量年均增速 7.2%，绝大部分发达国家人均用电量年均增速呈现负增长，中国与发达国家的差距在逐渐缩小。人均用电量与经济增长和人口增长密切相关。近年来，欧美发达国家经济增长缓慢，电力需求接近饱和，用电量和人均用电量增长乏力或出现负增长。2008—2018 年间，加拿大、美国、日本、意大利、法国、德国人均用电量年均增速均为负增长。俄罗斯、巴西、印度、中国等金砖国家人均用电量增长较快，年均增速分别为 0.8%、1.4%、5.6% 和 7.2%。

3.3.2　厂用电率与线损率比较

2018 年世界各国发电厂平均厂用电率为 5.06%❶。印度、俄罗斯和德国厂

---

❶　数据来源：IEA，World Energy Balances。

用电率高于世界平均水平，中国、美国、法国、意大利、日本、加拿大和巴西的厂用电低于世界平均水平。印度厂用电最高，达 6.58%；巴西最低，只有 1.30%。2008、2018 年部分国家厂用电率变化情况如图 3-33 所示。

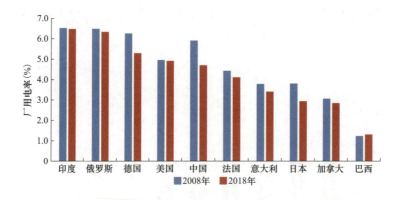

图 3-33　2008、2018 年部分国家厂用电率变化情况

主要国家厂用电率总体呈下降趋势，中国厂用电率降幅最大，厂用电率已超过世界平均水平。 2008—2018 年间，巴西厂用电率有所增加，增加了 0.07 个百分点，其他国家均为下降。2008—2018 年间，中国厂用电率下降 1.21 个百分点，降幅最大。2018 年，中国厂用电率为 4.69%，高于法国、意大利、日本、加拿大和巴西，低于印度、俄罗斯、德国和美国，世界平均厂用电率为 5.06%。

2018 年世界各国平均线损率为 7.91%。 OECD 国家线损率为 5.81%，远低于非 OECD 国家 11.68% 的线损率。印度、巴西、俄罗斯因国土面积大，资源与负荷分布不均衡，需通过远距离输电，因此线损率较高，2018 年分别为 18.28%、15.59% 和 10.06%；德国和日本因国土面积小，电力供应以就地平衡为主，线损相对较低，2018 年分别为 4.83% 和 4.43%；2018 年中国线损率为 6.27%。

主要国家线损率总体呈下降趋势，中国线损率已接近世界先进水平。 2008—2018 年间，世界线损率下降 0.85 个百分点，加拿大、法国、巴西线损率有所增加，加拿大十年间增加了 1.76 个百分点，其他国家线损率总体呈下降态势。

其中，印度线损率降幅最大，十年间下降 4.38 个百分点；其次为俄罗斯，下降 1.41 个百分点；中国线损率十年间下降 0.52 个百分点。2008、2018 年部分国家线损率变化情况如图 3-34 所示。

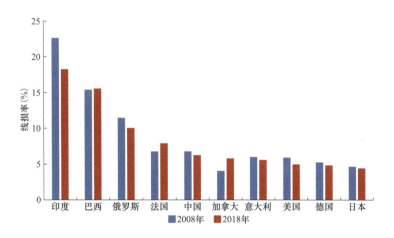

图 3-34　2008、2018 年部分国家线损率变化情况

3.3.3　发电能源占一次能源消费比重比较

发电能源占一次能源消费的比重，常常用于衡量一个国家的电气化水平。发电能源占一次能源比重越高，说明一次能源被转化成电能的比例越高。

2018 年世界发电能源占一次能源消费的比重为 37.5%[❶]。发达国家发电能源占一次能源消费的比重高于发展中国家。2018 年，OECD 国家发电能源占一次能源消费比重为 39.4%，非 OECD 国家发电能源占一次能源消费比重为 38.1%。2008、2018 年世界部分国家发电能源占一次能源消费比重变化情况如图 3-35 所示。

法国、韩国、日本等发达国家发电能源占一次能源消费比重较高，中国已接近世界先进水平。2018 年，法国、中国、韩国、日本发电能源占一次能源消费比重都超过了 40%，其中法国高达 52.4%，中国为 45.4%。

---

❶　数据来源：IEA，World Energy Balances。

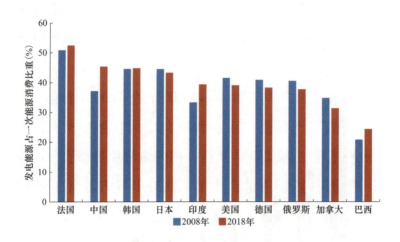

图 3-35　2008、2018 年世界部分国家发电能源占一次能源消费比重变化情况

印度、美国、德国、俄罗斯、加拿大发电能源占比也都超过 30%。巴西发电能源占比最低，为 24.3%，主要是巴西终端能源消费构成中，石油和生物质能分别高达 43% 和 28%，电力仅占 19%，因而其发电能源占一次能源消费比重较低。

3.3.4　电能占终端能源消费比重比较

电能占终端能源消费比重是衡量一个国家终端能源消费结构和电气化程度的重要指标。

2018 年世界电能占终端能源消费比重为 19.3%，同比提高 0.3 个百分点❶。2018 年，非 OECD 国家电能占终端能源消费比重同比提高 0.6 个百分点，OECD 国家电能占终端能源消费比重与 2017 年持平。2018 年，中东、非洲电能占终端能源消费比重分别为 15.6%、9.6%，较世界平均水平分别低 3.7、9.7 个百分点。2008、2018 年世界主要国家电能占终端能源消费比重变化情况如图 3-36 所示。

---

❶　数据来源：IEA，World Energy Balances。

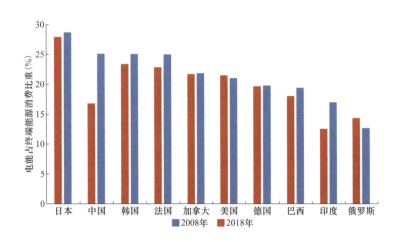

图 3-36 2008、2018 年世界主要国家电能占终端能源消费比重变化情况

注：终端能源消费中计入了非商品能源。

发达国家电能在终端能源消费结构中的比重高于发展中国家。2018 年，发达国家电能在终端能源消费中的比重一般在 20％以上，其中日本最高，达到 28.7％，韩国、法国分别达到 25.1％、25.0％。发展中国家电能占终端能源消费比重相对较低，巴西、印度、俄罗斯分别为 19.4％、17.0％、12.7％。

中国电能占终端能源消费比重增长最快。2018 年，中国在发展中国家中电能占终端能源消费比重较高，为 25.1％，高于世界平均水平 5.8 个百分点，已与部分发达国家水平接近。2008—2018 年的十年间，中国经济快速增长，工业化、城镇化进程加速推进，带动电力消费增长高于能源消费增长速度，电能占终端能源消费比重提高了 8.3 个百分点，明显高于其他国家。

4

主要国家能源转型比较

4.1　主要国家能源转型战略概况

中国、美国、德国、日本、韩国、俄罗斯、印度、加拿大、巴西和伊朗十大能源国的能源资源禀赋、经济发展水平和能源发展政策各异，实施了不同能源转型战略。

中国能源消费长期以煤炭为主，近年来先后出台《能源生产和消费革命战略（2016—2030 年）》等政策文件，提出了中长期能源转型发展的战略目标，明确为构建"清洁低碳、安全高效"的能源体系。

美国资源丰富，坚持以"能源独立"为导向的能源发展路径，在克林顿执政时期释放战略石油库存，小布什时期大力支持天然气和核能发展，奥巴马时期推动"清洁能源国家战略"，特朗普时期提出"美国优先能源计划"，恢复发展传统化石能源。

德国资源相对匮乏，在经历煤炭、石油、核能等战略重心之后，通过《可再生能源法》明确了绿色转型方向，依靠政策机制和科技创新保障能源转型实施。

日本的资源条件更加薄弱，曾大力发展核电并视为"国产能源"，福岛核事故后其能源战略进一步强调技术创新，发布《氢能基本战略》《第 5 次能源基本计划》，加大在新能源发电、氢能产业等方面的布局，争夺能源科技主导权。

韩国同样资源匮乏，20 世纪 70 年代起大力发展核电，近年来提出中长期可再生能源发展计划，加快开发风能和太阳能，由早期的"供给导向"逐步转向"绿色低碳"。

俄罗斯能源消费以油气为主，在国际油市低迷、气候危机严峻、能源转型加速的大背景下，俄罗斯发布《俄罗斯 2035 年前能源战略》，以"油气仍是未来 10 年经济支柱"为基点，加速向"资源创新型发展"的经济结构转型，到2035 年将实现能源基础设施现代化、能源产品出口多样化、能源和制造领域创新化、数字转型全面化。

印度能源消费结构以煤炭和石油为主，为解决能源短缺问题，推动低碳能源转型，印度提出 2020 年全面实现"能源安全"，到 2030 年彻底实现"能源独立"，新能源装机 2022 年达 2 亿 kW，并从加强能源基础设施建设、完善新能源补贴政策和激励制度、设立专门的新能源管理部门、加大新能源科技投入、开展新能源国际合作等方面予以大力支持。

加拿大拥有丰富的油气资源，目前是世界第五大天然气生产国、第六大原油生产国、第三大水力生产国和第十大可再生能源发电商，为适应气候变化，推动能源低碳转型，加拿大发布《泛加拿大清洁增长与气候变化框架》，提出将在 2030 年之前逐步淘汰所有传统燃煤发电机组，共投入 1 亿美元用于智能电网的部署和演示。

巴西能源消费以原油和水电为主，水电在电力结构中占比超过七成，随着巴西经济发达地区用电需求增加以及当地降雨偏少，以水力发电为主的电力供应面临挑战，大力度开发太阳能等可再生能源就成为巴西能源发展大势所趋，按照政府规划，预计至 2035 年，巴西将拥有超过 80 万套太阳能光伏设备，装机容量超过 2000MW。

伊朗能源结构以油气为主，为适应气候变化，满足不断增长的能源需求，伊朗政府逐渐将能源产业重心从化石能源转向绿色能源，提出到 2020 年实现 5000MW 可再生能源发电装机容量。

4.2　能源转型评价模型构建

世界知名国际能源组织纷纷开展能源转型发展评价，当前主要能源转型评价体系包括世界经济论坛（World Economic Forum）发布的"能源转型指数"、世界经济论坛与埃森哲联合发布的"全球能源架构绩效指数"、世界能源理事会的"能源三难指数"等。

世界经济论坛的能源转型指数（Energy Transition Index，ETI）基于能源架构绩效的"能源三角形"模型理念，由"能源系统性评分"和"转型准备程度"两类指标组成。其中能源系统性评分又分为三个维度，经济发展和增长、能源安全和可获得性、环境可持续；转型准备程度分为六个维度，能源系统结构、资本和投资、有效监管和政治承诺、人力资本和消费者参与、支持性基础设施和有活力的商业环境、稳定的机构框架和政治局势，共 40 个指标。ETI 于 2018 年首次发布，最新报告对 115 国家在平衡能源的安全性和获得性与环境可持续性、能源可负担性方面的表现进行排名，并预测了能源转型的未来趋势。

全球能源架构绩效指数（Global Energy Architecture Performance Index，EAPI）由世界经济论坛和埃森哲联合发布。EAPI 从经济增长与发展、环境可持续发展、能源获取与安全三个维度，评估和分析政府和能源价值链中的其他利益相关方确定自身能源系统各要素的相对绩效，其中经济增长与发展子指数，专门用于衡量能源架构对经济增长与发展的支持（而非阻碍）程度，包含 6 个变量；环境可持续发展子指数，用于衡量能源架构降低环境负面表征的程度，包含 6 个变量；能源获取与安全子指数旨在衡量能源架构在能源安全影响下的风险程度，以及全体国民是否能获取充足能源，包含 6 个变量。该指数于 2012 年首次发布，当前为 2017 版本，覆盖了 127 个国家。

世界能源三难指数（Energy Trilemma Index，ETI）由世界能源理事会、奥纬咨询公司（OliverWyman）合作发布。ETI 从能源绩效和关系绩效两个层面建立分析体系，其中能源绩效包括能源安全、能源平等（可获得性和可负担性）、环境可持续性三个维度，关系绩效包括政策强度、社会强度、经济强度三个维度。其中能源安全，有效管理来自国内和国外的一次能源供应、能源基础设施的可靠性以及能源供应商满足当前和未来需求的能力，能源平等强调整个人口的能源供应的可及性和可负担性；环境可持续性则包括供应和需求方能源效率的实现以及可再生和其他低碳能源供应的发展。该指数于 2017 年首次发布，最新 2019 年版本覆盖 128 个国家。

基于对能源转型规律的认识，结合国际主流机构能源转型评价方法，从能源结构、能源效率、能源安全、能源公平 4 个维度出发，构建能源转型指数（ETI），体现清洁低碳、优质高效、安全可靠和成本可控。

4.2.1 指标体系

能源转型评价指标体系从能源结构、能源效率、能源安全、能源公平 4 个维度选取一级关键指标。结合数据可获取等因素考虑，一级指标包括能源结构、能源效率、能源安全、能源可负担 4 个关键指标；其中能源结构包括非化石能源在一次能源中的占比、非化石能源发电在总发电量中的占比、发电用能在一次能源中的占比、电能在终端能源消费中的占比、碳排放强度 5 个二级关键指标；能源效率包括单位 GDP 能耗、能源系统加工转换整体效率 2 个二级关键指标；能源安全包括能源自给率、石油对外依存度、天然气对外依存度、煤炭对外依存度、能源多样化指数 5 个二级关键指标，能源可负担包括电力价格、石油价格、天然气价格 3 个二级关键指标，二级指标共计 15 个。能源转型指标体系如表 4-1 所示。

表 4-1   能 源 转 型 指 标 体 系

目标层	一级指标	二级指标	指标属性
能源转型指数（ETI）	能源结构（I1）	非化石能源在一次能源中的占比	正指标
		非化石能源发电在总发电量中的占比	正指标
		发电用能在一次能源中的占比	正指标
		电能在终端能源消费中的占比	正指标
		碳排放强度	逆指标
	能源效率（I2）	单位 GDP 能耗	逆指标
		能源系统加工转换整体效率	正指标
	能源安全（I3）	能源自给率	正指标
		石油对外依存度	逆指标
		天然气对外依存度	逆指标
		煤炭对外依存度	逆指标
		能源多样化指数[①]	正指标
	能源可负担（I4）	电力价格	逆指标
		石油价格	逆指标
		天然气价格	逆指标

① 反映一次能源供应系统的多样性程度，取值越高表示各类能源份额越均衡。

4. 2. 2　评价模型

（一）评价标准

采用基于样本集的综合指数评价方法，将评价对象样本集统计数据值的最大值和最小值（称为"区间标杆"）作为评价指标值的上下限，并通过无量纲化和归一化处理，将各关键指标的发展水平表述为介于0与1之间的一个数值，即关键指标的指数值。其计算公式为

关键指标的指数值（正指标）＝（评价对象统计数据值－样本集统计数据最小值）/（样本集统计数据最大值－样本集统计数据最小值）

关键指标的指数值（逆指标）＝（样本集统计数据最大值－评价对象统计数据值）/（样本集统计数据最大值－样本集统计数据最小值）

课题组以自主开发的"国际能源电力统计分析平台"中积累的统计数据为基础，选取中国、美国、印度、俄罗斯、日本、加拿大、德国、巴西、韩国和伊朗十大国数据作为评价对象样本集。

（二）评价方法

能源转型指数（ETI）的四个一级指标采用网络层次分析法确定权重，采用基于扇形雷达图的评价方法对不同国家能源转型指数（ETI）进行定量计算。

根据前述能源转型指数（ETI）评价指标体系，可以看出不同类别的指标间具有相关性。考虑到这一特点，采用网络层次分析方法确定各指标的权重。分析ETI不同评价指标间的网络层次关系，在此基础上构建评价指标的ANP网络层次结构图，如图4-1所示。

对于各指标间重要性的判断，在Super Decision软件中专家采用九分法进行判定。Super Decision软件中提供的二级评价指标的两两判断矩阵打分界面和一致性检验结果如图4-2所示。

将各评价指标间的判断矩阵输入至Super Decision软件并通过一致性检验

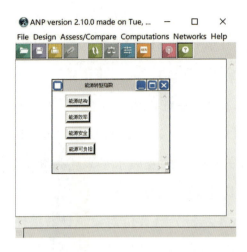

图 4-1　评价指标的 ANP 网络层次结构图

图 4-2　两两判断矩阵打分界面和一致性检验结果界面

后，输出评价指标的超级矩阵、极限超矩阵和各评价指标的极限和权重。一级指标的权重如表 4-2 所示，二级指标的权重如表 4-3 所示。

表 4-2　　　　　　　　　　　一 级 指 标 的 权 重

目　标　层	指　标　层	权　重
能源转型指数（ETI）	能源结构	0.45
	能源效率	0.33
	能源安全	0.12
	能源可负担	0.10

表 4 - 3 二级指标的权重

目标层	一级指标	二级指标	二级权重
能源转型指数（ETI）	能源结构	非化石能源在一次能源中的占比	0.24
		非化石能源发电在总发电量中的占比	0.23
		发电用能在一次能源中的占比	0.21
		电能在终端能源需求中的占比	0.22
		单位 GDP 二氧化碳排放强度	0.10
	能源效率	单位 GDP 能耗	0.51
		能源系统加工转换整体效率	0.49
	能源安全	能源自给率	0.25
		石油对外依存度	0.20
		天然气对外依存度	0.20
		煤炭对外依存度	0.15
		能源多样化指数	0.16
	能源可负担	电力价格	0.41
		石油价格	0.35
		天然气价格	0.24

4.3　主要国家能源转型评价分析

能源转型是一个持续推进过程，选取 2018 年能源消费十大国中国、美国、印度、俄罗斯、日本、德国、加拿大、巴西、韩国和伊朗，采用 2008 年和 2018 年数据进行能源转型十年行对比分析。

4.3.1　能源结构比较

非化石能源在一次能源中的占比方面，十年间中国大幅提升，日本、印度大幅下降。如图 4 - 3 所示，2008—2018 年间，中国非化石能源在一次能源中的占比提高了 6.6 个百分点，是十大国中增幅最大的国家，主要是这十年中国大力发展新能源，其中太阳能、风电装机规模跃居世界首位；日本、印度、韩国

97

非化石能源在一次能源中的占比分别下降了 7.1、6.8、3.6 个百分点，日本由于福岛核电站事故后大幅缩减核发电，对化石能源更加依赖，印度十年间清洁能源消费增长快速（＋18％），但仍远低于一次能源消费增长（＋52％）；美国非化石能源在一次能源中的占比提高了 2.9 个百分点；加拿大、德国占比小幅变化，占比在 20％～26％之间；巴西非化石能源占比十大国最高，十年间非化石能源消费保持在较高比例 45％以上，巴西水电消费占比较高；俄罗斯、伊朗仍以油气消费为主，化石能源消费占比超过 90％。

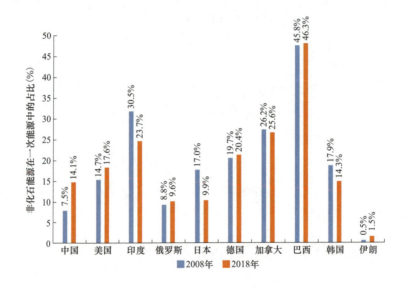

图 4-3 非化石能源在一次能源中的占比

非化石能源发电在总发电量中的占比方面，十年间加拿大、巴西遥遥领先，中国增幅最大。如图 4-4 所示，2008－2018 年间，巴西、加拿大非化石能源发电在总发电量中的占比位居十大国前二，占比在 75％～90％之间，加拿大、巴西都以水电消费为主，水电消费占比超过 50％；中国、美国、印度、德国近年来大力发展太阳能、风电等可再生能源，十年间非化石能源发电在总发电量中的占比有了较大提升，分别提高了 10.1、9.0、7.4、2.7 个百分点；日本、韩国十年间对化石能源更加依赖，非化石能源发电在总发电量中的占比分别下降了 9.4、8.3个百分点；俄罗斯近十年大力发展核电、水电，非化石能源发电在总发电量中的占比在30％～35％之间，提高了3.9个百分点；伊朗油气资源丰富，十年间非化石能源发电占比虽有一定提升，但化石能源发电占比仍较高，超过90％。

图4-4 非化石能源发电在总发电量中的占比

发电用能在一次能源中的占比方面，十年间中国跃升至第一位。如图4-5所示，十大国中，除了巴西、伊朗发电用能占比较低，在20％～25％之间，其他国家发电用能占比都在30％以上。2018年中国、韩国、日本发电用能占比位列十大国前三，分别为45.4％、44.8％、44.3％。2008—2018年间，中国、印度发电用能占比分别提高了8.2、6.0个百分点，其他国家小幅变化。巴西、伊朗主要是终端能源消费中石油占比较高，所以发电用能占比较低。

图4-5 发电用能在一次能源中的占比

电能在终端能源消费中的占比方面，十年间中国、印度大幅提升，其他国家小幅调整。如图 4-6 所示，2008—2018 年间，中国、印度电能在终端能源消费中的占比分别上升了 8.3、4.4 个百分点，中国电能在终端能源消费中的占比已跃居十大国第二，与韩国持平；发达国家美国、日本、德国、加拿大、韩国电能在终端能源消费中的占比保持在 20%～30%之间，十年间小幅变化；俄罗斯、伊朗电能在终端能源消费中的占比较低，在 10%～15%之间，十年间小幅变化。

图 4-6　电能在终端能源消费中的占比

碳排放强度方面，十年间中国显著下降，发达国家碳排放强度保持在较低水平。如图 4-7 所示，2008—2018 年间，中国碳排放强度下降 30%；发达国家美国、日本、德国、加拿大、韩国碳排放强度在 0.2～0.3kg/美元之间；巴西清洁能源消费占比较高，因此碳排放强度低，与发达国家水平持平；印度、俄罗斯、伊朗碳排放强度较高，均在 1kg/美元左右，十年间仅小幅下降，主要在于化石能源消费占比较高。

在能源结构总体评分方面，近十年中国、德国能源结构调整成效显著。基于上述五个二级指标，结合其权重计算不同国家能源结构维度评价值，如图 4-8 所示。2008—2018 年间，中国能源结构评分增长了 28.6%，能源结构调整成效显

图 4-7　碳排放强度

著；德国能源结构评分增长 7.6%，归因于德国积极发展可再生能源；美国能源结构评分增长 1.2%，其他国家小幅下降。

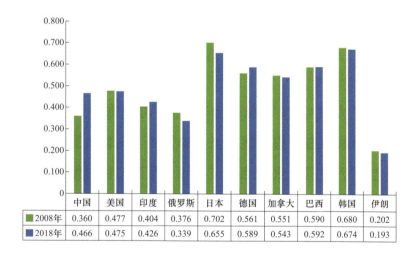

图 4-8　能源结构评价值

4.3.2　能源效率比较

在单位 GDP 能耗方面，十年间中国、印度下降显著。如图 4-9 所示，2008－2018 年间，十大国除了俄罗斯、伊朗、巴西小幅上涨外，大部分国家能耗都有不同程度下降，其中中国能耗降幅最大，下降 30%；其次是印度，下降

23％；发达国家美国、日本、德国、加拿大、韩国能耗保持降低水平，十年间小幅下降。

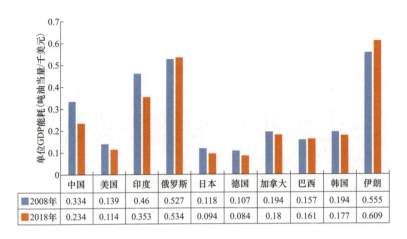

	中国	美国	印度	俄罗斯	日本	德国	加拿大	巴西	韩国	伊朗
2008年	0.334	0.139	0.46	0.527	0.118	0.107	0.194	0.157	0.194	0.555
2018年	0.234	0.114	0.353	0.534	0.094	0.084	0.18	0.161	0.177	0.609

图 4-9 单位 GDP 能耗

在能源系统加工转换整体效率方面，十大国都保持在较高水平，十年间小幅调整。十大国能源加工转换整体效率较高，介于 60％～79％ 之间。如图 4-10所示，2008—2018 年间，印度、中国能源系统加工转换整体效率小幅下降，分别下降了3.9、3.0 个百分点；德国、美国、俄罗斯、日本分别上升了4.9、4.2、3.9、3.3 个百分点；巴西、伊朗、韩国基本与十年前持平。

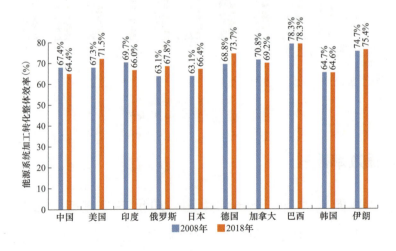

图 4-10 能源系统加工转化整体效率

在能源效率总体评分方面，发达国家处于较高水平，尤其是德国、日本。基于上述单位 GDP 能耗、能源系统转化整体效率两个二级指标，结合其权重计算不同国家能源效率维度评价值，如图 4-11 所示。2008-2018 年间，日本、德国能源效率提升最为显著，评分从 70 分左右提升到 90 分以上；美国、韩国、加拿大能源效率评分从 70 分左右提升到 80 分以上；中国能源效率评分从 60 分左右提升到 70 分以上，增长了 14.3%；印度能源效率小幅增长，评分仍在 60 分左右；俄罗斯、伊朗由于单位 GDP 能耗太高，能源效率评分较低，从 50 分左右下降到 40 分左右。

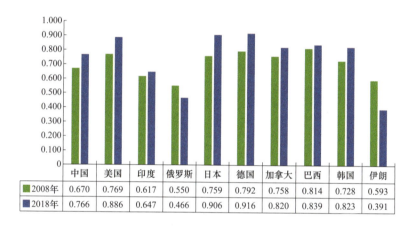

	中国	美国	印度	俄罗斯	日本	德国	加拿大	巴西	韩国	伊朗
2008年	0.670	0.769	0.617	0.550	0.759	0.792	0.758	0.814	0.728	0.593
2018年	0.766	0.886	0.647	0.466	0.906	0.916	0.820	0.839	0.823	0.391

图 4-11　能源效率评分

4.3.3　能源安全比较

各国能源自给水平分化严重，中美两国能源自给率呈现明显"逆行"趋势。从能源自给率水平来看，俄罗斯、加拿大、伊朗由于油气资源丰富，都是能源净出口国家。德国、日本、韩国资源条件相对较差，自给率长期处于 50%以下，石油、天然气对外依存度高达 90%以上。中国、美国作为资源禀赋丰富的大国，自给率保持在 80%～90%；从演化趋势来看，2008-2018 年间，中国石油和天然气年均消费增速超过产量增速，导致石油和天然气对外依存度分别攀升 17 个百分点和 37 个百分点，能源自给率下滑 10 个百分点。反观美国，通过实施能源独立战略，能源自给率大幅提升，由低于中国 16 个百分点变为高于 17 个百分点，石油对外依存度大幅下降 22 个百分点，天然气转为净出口国家。2008－2018 年间，印度能源自给率下滑了 12 个百分点，主要是石油、天然气、煤炭对外依存度大幅攀升，分别提升了 9、22、14 个百分点；十年间巴西转为能源净出口国家，石油净出口大幅增加，天然气对外依存度下滑 15 个百分点。2008、2018 年十大国能源自给率、石油对外依存度、天然气对外依存度、煤炭对外依存度分别如图 4-12～图 4-15 所示。

图 4-12　能源自给率

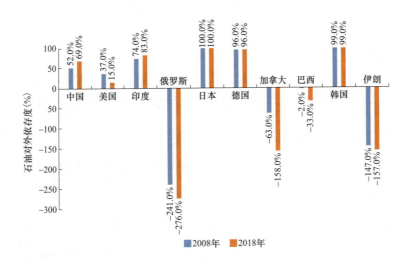

图 4-13　石油对外依存度

图 4-14　天然气对外依存度

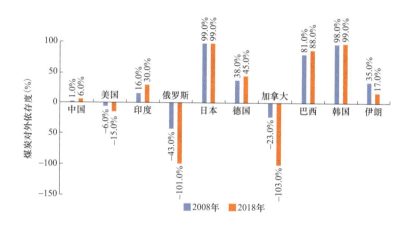

图 4-15　煤炭对外依存度

除伊朗外，十大国能源多样化指数都处于较高水平，中国能源多样化指数增长最快。如图 4-16 所示，2008—2018 年间，中国大力发展新能源，能源多样化指数增长了 21.7%，为各国之最；伊朗由于油气资源丰富，能源消费以油气为主，能源多样化指数较低；其余国家能源多样化指数都在较高水平，在 1.1～1.5 之间，十年间变化相对平稳。

在能源安全总体评分方面，各国差异比较大。基于上述五个二级指标，结合其权重计算不同国家能源安全维度评分，如图 4-17 所示。2008—

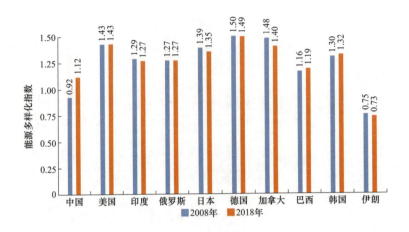

图 4-16　能源多样化指数

2018 年间，俄罗斯、加拿大、伊朗能源安全评分较高，都在 50 分以上，十年间能源安全评分小幅上升；日本、德国、韩国能源安全评分较低，在 10～20 分之间，能源安全风险持续增加；中国、美国、印度、巴西能源安全评分在 30～50 分之间，中国、印度能源安全风险持续提升，能源安全评分分别下降 13.4%、16.5%，美国、巴西能源安全评分进一步提高，分别提高了 13.5%、12.5%。

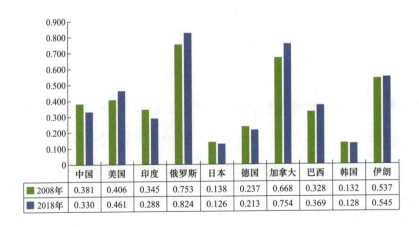

	中国	美国	印度	俄罗斯	日本	德国	加拿大	巴西	韩国	伊朗
2008年	0.381	0.406	0.345	0.753	0.138	0.237	0.668	0.328	0.132	0.537
2018年	0.330	0.461	0.288	0.824	0.126	0.213	0.754	0.369	0.128	0.545

图 4-17　能源安全评分

4.3.4 能源可负担比较

电价方面❶，各国电价总体保持平稳，德国电价受新能源快速发展出现了较快上涨。十大国中，德国、日本电价较高，德国对新能源的鼓励政策一度导致其电价快速上涨，2008—2018 年间居民电价增幅达到 20％；日本居民电价十年间上涨了 14％；中国居民电价维持在较低水平，十年间变化相对平稳。2008、2018 年十大国电力价格如图 4-18 所示。

图 4-18　电力价格

油气价格方面，各国总体呈下降趋势。2008—2018 年间，受国际油气价格下行趋势影响，韩国、德国、日本等油气进口国家油气价格呈不同程度下降；美国凭借技术突破实现油气价格大幅下降，十年间石油价格下降 28％，天然气价格下降 35.3％；十年间中国油气价格变化相对平稳。2008、2018 年十大国石油、天然气价格分别如图 4-19、图 4-20 所示。

在能源可负担评分方面，十年间各国都有一定提升。基于上述电力价格、油气价格指标，结合其权重计算不同国家能源可负担维度评分，如图 4-21 所

---

❶ 受数据收集影响，这里电价使用的是居民电价，气价是居民气价，石油是柴油价格，价格都是 2015 年美元可比价。

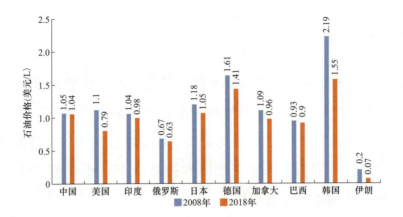

图 4-19 石油价格

图 4-20 天然气价格

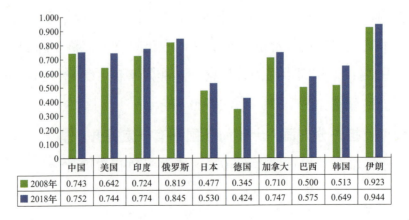

图 4-21 能源可负担评分

示。2008－2018 年间，受能源价格整体下降趋势影响，各国能源可负担评分都有所提升。伊朗、俄罗斯、印度、中国、美国能源可负担评分较高，都在70 分以上；德国、日本、巴西、韩国能源可负担评分较低，在 40～60 分之间。

4.3.5　能源转型指数比较

　　基于上述能源结构、能源效率、能源安全、能源可负担评分，结合其权重计算不同国家能源可负担维度评分，如图 4-22 所示。**发达国家能源转型指数总体高于发展中国家，2008－2018 年间中国能源转型成效最为显著。**2008、2018 年十大国能源转型关键指标雷达图分别如图 4-23、图 4-24所示。

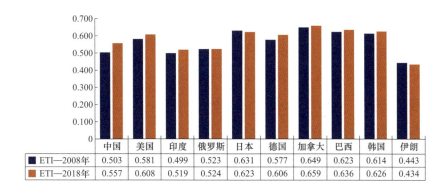

	中国	美国	印度	俄罗斯	日本	德国	加拿大	巴西	韩国	伊朗
■ ETI—2008年	0.503	0.581	0.499	0.523	0.631	0.577	0.649	0.623	0.614	0.443
■ ETI—2018年	0.557	0.608	0.519	0.524	0.623	0.606	0.659	0.636	0.626	0.434

图 4-22　十大国能源转型指数对比（ETI）

　　发达国家加拿大、韩国、日本、德国、美国能源转型指数较高，2018 年都达到 0.6 以上，十年间能源转型指数有不同程度调整。2008－2018 年间，美国、德国能源转型指数分别提高了 4.6％、5.0％，美国归因于能源独立战略和技术突破带来能源安全、能源可负担方面显著提升；德国归因于其可再生能源战略带来能源结构、能源效率提升；日本能源转型指数小幅下降 1.3％，主要在于其对外依存度攀升带来能源安全风险上升；加拿大能源转型指数基本维持不变，是十大国能源转型指数最高的国家。

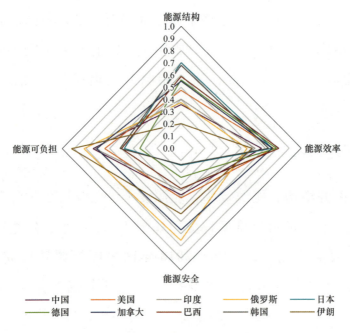

图 4 - 23   2008 年十大国能源转型关键指标雷达图

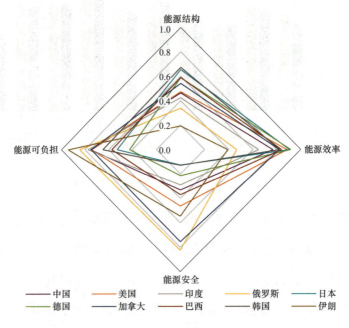

图 4 - 24   2018 年十大国能源转型关键指标雷达图

发展中国家中国、印度、俄罗斯能源转型指数在 **0.5** 左右，十年间中国能源转型指数提高了 **10.7%**，是十大国能源转型最显著的国家。中国大力实施能源生产消费革命战略，积极推进非化石能源替代，推进终端消费电气化，十年间能源转型指数提高了 10.7%，能源转型成效显著；印度积极发展太阳能等新能源，能源转型指数十年间小幅上涨 4%；巴西由于清洁能源消费占比高，能源转型指数在 0.6 以上，达到发达国家水平；伊朗油气资源丰富，化石能源消费高达 98% 以上，能源转型指数在十大国中最低，约为 0.4。

5

权威机构关于能源电力发展预测

本章主要基于国内外能源权威机构，包括国际能源署（IEA）、美国能源信息署（EIA）、日本能源经济研究所（IEEJ）、英国石油公司（BP 公司）、国网能源研究院有限公司（SGERI，简称国网能源研究院）、彭博（BNEF）等预测结果进行比较分析。

5.1 能源发展预测

5.1.1 一次能源需求

中长期世界一次能源需求年均增速为 0.9%～1.2%[1]。2040 年世界一次能源需求将达到 253 亿～286 亿 tce。IEA《世界能源展望 2019》预测，2040 年世界一次能源需求将达到 253.2 亿 tce，年均增长 1.0%。EIA 预测，2050 年世界一次能源需求总量将达到 327.9 亿 tce，年均增长 1.2%。IEEJ 预测，2050 年世界一次能源需求总量将达到 268.0 亿 tce，年均增长 0.9%。各大机构的预测如表 5-1 所示。

表 5-1 世界一次能源需求预测 亿 tce

来源	预测基准	2025 年	2030 年	2040 年	2050 年	年均增速
IEA	204.5（2018 年）	222.0	233.0	253.2	—	1.0%
EIA	223.2（2018 年）	239.4	253.9	286.2	327.9	1.2%
IEEJ	199.6（2017 年）	—	236.6	256.9	268.0	0.9%
BP	193.0（2017 年）	218.1	229.9	255.2		1.2%

根据国网能源研究院最新预测结果，在加快转型情景[2]下，2025 年世界一次

[1] 来源于 IEA、EIA、IEEJ、BP、国网能源研究院等机构预测。
[2] 包括三种情景，基准情景、加快转型情景、2℃情景。其中，基准情景是延续当前能源政策取向和技术创新步伐，各国朝着自定目标稳步推进能源转型，兑现减排承诺并在 2030 年后保持政策连续性；加快转型情景是在基准情景的基础上，加大能源政策力度，加快技术创新步伐，进一步加快电气化步伐，加大清洁转型力度，提高能效提升速度；2℃情景是以实现全球 2℃温升控制目标为约束，电气化达到更高水平，能源转型更快推进，可再行僧能源实现对化石能源更大力度替代。

能源需求将达到 209 亿 tce，2035 年将达到 222 亿 tce，2050 年将达到 223 亿 tce。

从世界一次能源需求构成看，煤炭和石油的比重继续降低，天然气和非化石能源的比重提高。根据相关机构预测，2040 年煤炭占比 19.7%～23.7%，石油占比 26.6%～30.2%，天然气占比 21.8%～26.1%。化石能源总体所占比例有所下降，其中天然气比例会上升（IEA、BP 预测上升，EIA、IEEJ 预测下降），煤炭和石油比例下降。核电和水电比重分别占 4.2%～5.1% 和 2.5%～7.0%，生物质能所占比例维持在 10% 左右，风能、太阳能、地热能等其他可再生能源的预测值有所提高，2040 年占比将超过 7%。各机构世界一次能源需求结构预测如表 5-2 所示。

表 5-2　　　　　　　　各机构世界一次能源需求结构预测　　　　　　　　　%

品　种	预　测　基　准			
	IEA（2018 年）	EIA（2018 年）	IEEJ（2017 年）	BP（2017 年）
煤炭	26.7	25.8	27.1	27.6
石油	31.4	32.1	31.8	33.6
天然气	22.9	22.3	22.2	23.4
核电	5.0	4.5	4.9	4.4
水电	2.5		2.5	6.8
生物质能及垃圾	9.5	15.3	0.6	4.2
其他可再生能源	2.0		9.5	

品种	预　测　值			
	IEA（2040 年）	EIA（2040 年）	IEEJ（2040 年）	BP（2040 年）
煤炭	21.3	19.7	23.7	20.3
石油	27.8	26.6	30.2	27.2
天然气	25.1	21.8	26.1	25.8
核电	5.1	4.2	4.5	4.3
水电	3.0		2.5	7.0
生物质能及垃圾	10.3	27.7	1.3	15.4
其他可再生能源	7.4		8.5	

从不同国家和地区来看，发达国家一次能源需求基本保持不变，发展中国家和新兴经济体国家年均增速 **1.4% ～ 2.0%**。2018—2040 年，发达国家一次能源需求增速为 −0.3% ～ 0.3%；发展中国家和新兴经济体年均增速为1.4%～2.0%。IEA 预计 2018—2040 年中国一次能源需求将新增 11.2 亿 tce，年均增长 1.0%。部分国家和地区一次能源需求预测如表 5-3所示。

表 5-3　　　　　　部分国家和地区一次能源需求预测　　　　　　亿 tce

国家（地区）	预 测 基 准			
	IEA（2018 年）	EIA（2018 年）	IEEJ（2017 年）	BP（2017 年）
OECD	77.2	89.8	74.7	82.0
非 OECD	121.4	133.4	119.0	111.0
美国	31.9	35.9	30.8	31.9
日本	6.2	7.3	6.2	—
欧盟	23.0	—	23.1	24.1
俄罗斯	10.7	11.4	—	10.0
中国	**45.5**	**53.7**	**43.8**	**44.7**
印度	13.1	12.7	12.6	10.8
国家（地区）	预 测 值			
	IEA（2040 年）	EIA（2040 年）	IEEJ（2040 年）	BP（2040 年）
OECD	71.5	96.5	71.5	81.7
非 OECD	172.5	189.6	176.1	173.5
美国	30.6	36.3	30.5	31.8
日本	5.0	7.0	5.4	—
欧盟	17.9	—	20.4	21.1
俄罗斯	11.2	11.5	—	10.7
中国	**56.7**	**70.4**	**53.6**	**57.4**
印度	26.3	30.1	28.8	27.5

5.1.2　终端能源消费

中长期世界终端能源消费增速为 0.9%～1.1%❶。各主要机构均认为，2040 年以前世界终端能源消费量将持续增长。IEA《世界能源展望 2019》认为，2040 年世界终端能源消费量将达到 181.0 亿 tce，年均增长 1.1%。IEEJ 预测显示，2050 年世界终端能源消费总量将达到 186.2 亿 tce，年均增长 0.9%。各机构世界终端能源消费量预测如表 5-4 所示。

表 5-4　　　　　　　　各机构世界终端能源消费量预测　　　　　　　　亿 tce

来源	预测基准	2025 年	2030 年	2040 年	2050 年	年均增速
IEA	142.2（2018 年）	157.1	165.8	181.0	—	1.1%
IEEJ	138.8（2017 年）	—	163.1	177.0	186.2	0.9%

根据国网能源研究院最新预测结果，在加快转型情景下，2025 年世界终端能源消费量将达到 152 亿 tce，2035 年将达到 162 亿 tce，2050 年将达到 165 亿 tce。

从终端能源消费结构来看，煤炭、石油占比下降，天然气和电力占比持续提高。根据各机构预测结果，2040 年煤炭在终端能源消费中的比重将下降 2～3 个百分点；石油仍然是最重要的终端能源，占比仍将超过 1/3；电能在终端能源消费中的比重将会明显提高，从约 19% 上升到 24% 左右。各机构世界终端能源消费结构预测如表 5-5 所示。

表 5-5　　　　　　　　各机构世界终端能源消费结构预测　　　　　　　　%

品种	预测基准		预 测 值	
	IEA （2018 年）	IEEJ （2017 年）	IEA （2040 年）	IEEJ （2040 年）
煤炭	9.9	11	7.5	8.0
石油	40.6	41	36.0	40.0

---

❶　来源于 IEA、IEEJ、国网能源研究院等机构预测。

品种	预测基准		预 测 值	
	IEA （2018 年）	IEEJ （2017 年）	IEA （2040 年）	IEEJ （2040 年）
天然气	16.2	15	18.6	16.6
电力	19.2	19	24.2	23.8
热力	3.0	3	2.5	2.4
生物质能	10.5	0	10.0	9.2
其他可再生能源	0.5		1.2	

从不同国家和地区来看，发展中国家终端能源需求增速仍远高于发达国家。根据 IEA 预测，OECD 国家 2018－2040 年均增长率约为－0.2％。非 OECD 国家终端能源需求仍呈增长趋势，2018－2040 年年均增速 1.7％。不同机构世界主要国家终端能源消费预测如表 5-6 所示。

表 5-6　　　　　　　不同机构世界主要国家终端能源消费预测　　　　亿 tce

国家（地区）	预测基准		预 测 值	
	IEA （2018 年）	IEEJ （2017 年）	IEA （2040 年）	IEEJ （2040 年）
OECD	54.1	52.2	51.7	50.0
非 OECD	82.2	80.8	120.2	117.8
美国	16.5	21.7	22.6	21.5
日本	22.6	4.2	3.3	3.5
欧盟	4.2	16.5	13.7	15.4
俄罗斯	7.3	—	7.7	—
中国	**29.4**	**28.5**	**37.8**	**33.9**
印度	8.8	8.4	18.3	19.2

5.2 电力发展预测

5.2.1 电力需求

2040 年世界电力需求总量将达到 35.6 万亿 kW·h[1]，电力需求增速明显高于能源需求增速。IEA 预计，2018－2040 年世界电力需求年均增速为 2.2%，显著高于能源需求年均 1.0% 的增速。其中，OECD 国家电力需求年均增速为 0.7%，非 OECD 国家为 3.0%。2040 年世界电力需求总量预计达到 35.6 万亿 kW·h。

根据国网能源研究院最新预测结果，在加快转型情景下，2025 年世界电力需求总量将达到 30 万亿 kW·h，2035 年将达到 41 万亿 kW·h，2050 年将达到 60 万亿 kW·h。

发展中国家是全球电力需求增长的主力。根据 IEA 预测，亚太、非洲、中东、中南美洲合计贡献全球电力需求增长 79%。2040 年中国电力需求较 2018 年增长 76%，印度增长约 2 倍。世界主要国家和地区电力需求预测如表 5 - 7 所示。

表 5 - 7 世界主要国家和地区电力需求预测 万亿 kW·h

国家（地区）	2018 年	2025 年	2030 年	2040 年	年均增速
北美	4.68	4.85	5.00	5.45	0.7%
中南美	1.05	1.25	1.41	1.80	2.5%
欧洲	3.53	3.74	3.89	4.27	0.9%
非洲	0.69	0.87	1.07	1.64	3.0%
中东	0.93	1.05	1.27	1.78	3.06%
欧亚大陆	0.93	1.06	1.14	1.30	1.5%

---

[1] IEA 预测。

国家（地区）	2018 年	2025 年	2030 年	2040 年	年均增速
亚太	10.46	13.28	15.33	19.37	2.8%
东南亚	0.92	1.23	1.50	2.09	3.8%
美国	3.89	4.00	4.09	4.38	0.5%
欧盟	2.81	2.91	2.98	3.18	0.6%
日本	0.97	0.96	0.96	0.98	0.0%
俄罗斯	0.76	0.84	0.89	0.99	1.3%
中国	6.06	7.80	8.87	10.65	2.6%
印度	1.24	1.85	2.41	3.71	5.1%
巴西	0.50	0.59	0.65	0.82	2.3%

5.2.2　发电量及装机

2040 年世界发电量为 41.4 万亿 kW·h[1]。IEA 预测，2040 年世界发电量约为 41.4 万亿 kW·h，年均增速为 2.0%。世界发电量预测如表 5-8 所示。

表 5-8	世 界 发 电 量 预 测			万亿 kW·h

来源	基准年	2025 年	2030 年	2040 年	年均增速
IEA	26.6（2018 年）	30.8	34.1	41.4	2.0%
EIA	24.8（2018 年）	28.2	31.1	37.1	1.8%
IEEJ	25.6（2017 年）	—	34.4	40.4	2.0%

根据国网能源研究院最新预测结果，在加快转型情景下，2025 年世界发电量将达到 32 万亿 kW·h，2035 年将达到 44 万亿 kW·h，2050 年将达到 66 万亿 kW·h。

从世界主要国家和地区来看，发电量的增长主要来自非 OECD 国家。2040 年，非 OECD 国家发电量及其增速均明显高于 OECD 国家。非 OECD 国家的

---

[1]　IEA 预测。

发电量为 OECD 国家的 1.7～1.9 倍，OECD 国家发电量的年均增速为 0.6%～0.9%，非 OECD 国家发电量的年均增速为 2.4%～2.8%，中国和印度发电量增长较快，年均增速分别为 2.4% 和 4.8%。2040 年世界主要国家和地区发电量预测如表 5-9 所示。

表 5-9 　　　　　　　2040 年世界主要国家和地区发电量预测　　　　　　万亿 kW·h

国家（地区）	基 准 年		预测值［实物量（增速）］	
	IEA（2018 年）	EIA（2018 年）	IEA（2040 年）	EIA（2040 年）
OECD 国家	11.2	10.5	12.9（0.6%）	13.0（0.9%）
非 OECD 国家	15.4	14.2	28.5（2.8%）	24.1（2.4%）
美国	4.4	4.2	4.9（0.5%）	4.9（0.7%）
日本	1.1	1.0	1.1（0）	1.1（0.4%）
欧盟	3.3	—	3.6（0.4%）	
俄罗斯	1.1	1.0	1.3（1.0%）	1.0（0）
中国	7.2	6.6	12.1（2.4%）	11.1（2.4%）
印度	1.6	1.4	4.6（4.8%）	3.9（4.8%）

非水可再生能源发电量占比大幅提高，煤电发电量占比大幅降低。 根据各机构预测，2040 年煤电和气电仍是最主要的发电来源，占比超过 45%，非水可再生能源发电量占比从 9% 左右大幅提高到 28% 以上。2040 年世界发电量结构预测如表 5-10 所示。

表 5-10 　　　　　　　　2040 年世界发电量结构预测　　　　　　　　　　%

品种	基 准 年		预 测 值	
	IEA（2018 年）	EIA（2018 年）	IEA（2040 年）	EIA（2040 年）
煤电	38.1	34.9	25.2	23.2
油电	3.0	3.0	1.2	0.5
气电	23.0	23.2	21.5	21.9
核电	10.2	10.6	8.4	8.8
水电	15.8	17.6	14.7	15.5

续表

品种	基 准 年		预 测 值	
	IEA（2018 年）	EIA（2018 年）	IEA（2040 年）	EIA（2040 年）
风电	4.8	5.9	12.6	14.1
太阳能发电	2.2	3.6	11.9	14.6
生物质发电	2.4	1.2	3.5	1.4
其他	0.5		1.0	

2040 年世界发电装机将超过 100 亿 kW❶。根据 IEA 预测，2040 年世界发电装机容量将达到 131.1 亿 kW，年均增速 2.7%。EIA 预测值略保守，2040年发电装机约为 114.7 亿 kW，2018－2040 年均增速为 2.4%。世界发电装机预测如表 5－11 所示。

表 5－11   世 界 发 电 装 机 预 测   亿 kW

来源	预测基准（2018 年）	2025 年	2030 年	2040 年	年均增速
IEA	72.2	89.6	102.4	131.1	2.7%
EIA	67.8	80.3	92.2	114.7	2.4%

根据国网能源研究院最新预测结果，在加快转型情景下，2025 年世界发电装机将达到 102 亿 kW，2035 年将达到 157 亿 kW，2050 年将达到 251 亿 kW。

非 OECD 国家发电装机规模和年均增速明显超过 OECD 国家。根据 IEA 预测，2040 年非 OECD 国家发电装机规模将近 88 亿 kW，是 OECD 国家的 2 倍以上。2018－2040 年，非 OECD 国家发电装机的年均增速为 2.6%～3.6%，而 OECD 国家仅为 1.4%。日本、俄罗斯、美国和欧盟发电装机增长较慢，年均增速为 0%～1.3%；中国发电装机年均增速为 2.4%～3.4%，印度发电装机年均增速为 4.9%～6.5%。2040 年世界主要国家和地区发电装机预测如表 5－12 所示。

❶   IEA、EIA。

121

表 5 - 12　　　　　**2040 年世界主要国家和地区发电装机预测**　　　亿 kW

国家（地区）	基 准 年		预测值［实物量（增速）］	
	IEA （2018 年）	EIA （2018 年）	IEA （2040 年）	EIA （2040 年）
OECD 国家	31.8	30.0	43.2 (1.4%)	40.9 (1.4%)
非 OECD 国家	40.4	42.3	87.9 (3.6%)	73.8 (2.6%)
美国	12.0	11.1	15.7 (1.2%)	14.6 (1.3%)
日本	3.4	2.7	3.8 (0.5%)	3.1 (0.6%)
欧盟	10.6	—	13.6 (1.2%)	—
俄罗斯	2.7	2.4	3.0 (0.6%)	2.4 (0)
中国	**18.7**	**18.8**	**38.8 (2.4%)**	**39.0 (3.4%)**
印度	4.0	4.2	15.9 (6.5%)	12.0 (4.9%)

　　从世界发电装机结构来看，可再生能源装机，尤其是风电和太阳能发电将成为电源结构调整的主力。根据 IEA 预测，2040 年煤电、气电装机占比分别为 16.6% 和 20.2%，油电装机占比从 6.2% 下降到 1.8%，非水可再生能源装机占比将明显提高，其中，风电和光伏发电装机比重将分别提高 6.4 个百分点和 17.5 个百分点。2040 年世界发电装机结构预测如表 5 - 13 所示。

表 5 - 13　　　　　　**2040 年世界发电装机结构预测**　　　　　　%

品种	基 准 年		预 测 值	
	IEA （2018 年）	EIA （2018 年）	IEA （2040 年）	EIA （2040 年）
煤电	28.8	31.0	16.6	18.3
油电	6.2	4.9	1.8	1.3
气电	24.2	24.2	20.2	22.6
核电	5.8	5.3	3.7	4.0
水电	17.9	17.2	13.9	13.4
风电	7.8	8.2	14.2	16.2
太阳能发电	7.0	7.3	24.5	22.4
生物质发电	2.0	1.9	2.2	1.8
其他	0.3		2.8	

5.2.3 发电成本

2040 年世界煤电成本基本在 0.055～0.124 美元／(kW·h) 之间❶。根据彭博预测，如图 5-1 所示，2019－2040 年世界煤电成本将上升 34％～59％。到 2040 年，印度煤电成本为 0.056 美元／(kW·h)；印度尼西亚煤电成本为 0.063 美元／(kW·h)；中国中北部、东北煤电成本分别为 0.057、0.092 美元／(kW·h)；日本煤电成本为 0.075 美元／(kW·h)；韩国煤电成本为 0.08 美元／(kW·h)。

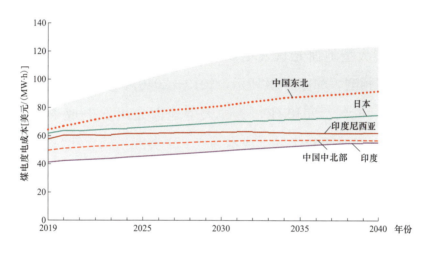

图 5-1　2040 年世界煤电成本展望

2040 年世界天然气发电成本基本在 0.050～0.181 美元／(kW·h) 之间。根据彭博预测，如图 5-2 所示，2019－2040 年天然气发电成本上升 28％～69％之间。2040 年，美国天然气发电成本为 0.05 美元／(kW·h)；中东和北非地区天然气发电成本为 0.054 美元／(kW·h)；中国天然气发电成本为 0.073 美元／(kW·h)；日本天然气发电成本为 0.113 美元／(kW·h)；英国天然气发电成本为 0.116 美元／(kW·h)。

---

❶　BNEF 预测，下同。

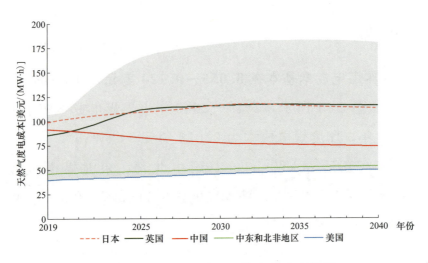

图 5 - 2　2040 年世界天然发电成本展望

2040 年世界大型地面光伏发电成本基本在 0.018～0.044 美元／（kW·h）之间。根据彭博预测，如图 5 - 3 所示，2019－2040 年世界大型地面光伏发电成本将下降 49％～63％。2040 年，美国大型地面光伏发电成本为 0.02 美元／（kW·h）；印度大型地面光伏发电成本为 0.021 美元／（kW·h）；中国大型地面光伏发电成本为 0.026 美元／（kW·h）；英国大型地面光伏发电成本为 0.034 美元／（kW·h）。

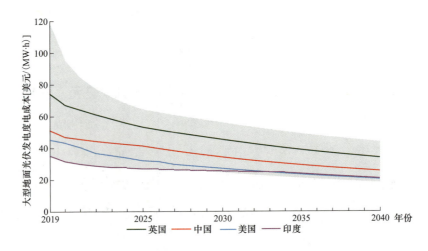

图 5 - 3　2040 年世界大型地面光伏发电成本展望

2040 年世界陆上风电成本基本在 0.02～0.051 美元／（kW·h）之间。根据彭博预测，如图 5-4 所示，2019－2040 年世界陆上风电成本将下降 44％～63％。到 2040 年，印度陆上风电成本最低，为 0.02 美元/（kW·h）；美国和中国陆上风电成本为 0.025 美元/（kW·h）；德国陆上风电成本为 0.028 美元/（kW·h）；日本陆上风电成本为 0.047 美元/（kW·h）。

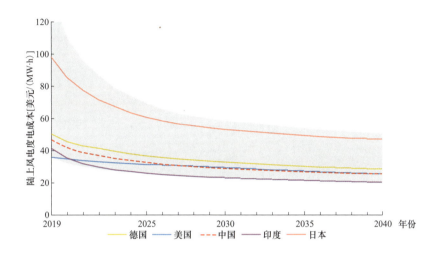

图 5-4　2040 年世界陆上风电成本展望

5.3　能源电力投资预测

世界能源投资需求持续增加，由化石燃料向可再生、能效及低碳技术转变。根据 IEA 预测，2019－2040 年，世界能源累计投资需求将高达 58.8 万亿美元（按 2018 年美元可比价计算），年均投资 2.67 万亿美元。2040 年，能源供应投资中燃料和电力投资比为 1：1。化石燃料投资中煤炭投资下降，油气投资逐渐转向天然气，电力投资由煤炭转向可再生能源、电网、储能。终端投资中，节能投资大幅增加，占比从 11.5％提高至 21.7％，其中欧盟、中国、美国节能投资占世界超过 1/2。可再生能源投资占比下降主要是由于成本的下降。2019－2040 年世界能源投资预测如表 5-14 所示。

表 5 - 14　　　　　　　　　2019－2040 年世界能源投资预测　亿美元（2018 年可比价）

项目	2014－2018 年 年均	2019－2030 年 年均	2031－2040 年 年均
化石燃料	10 630	10 170	10 630
可再生能源	3080	3560	3980
电网	2910	3540	4550
核电及其他	440	640	740
燃料和电力	17 060	17 920	19 890
燃料占比	55%	52%	50%
电力占比	45%	48%	50%
终端	3650	6650	9430
能效	2380	4450	6350
其他终端	1270	2200	3080
合计	20 710	24 570	29 310
2019－2040 年累计		587 950	

数据来源：IEA，World Energy Outlook（WEO）2019。

注　表内数据按美元 2018 年可比价计算。

根据 IEA 预测，2019－2040 年世界电力累计投资需求将达到 20.27 万亿美元（按 2018 年美元可比价计算）。其中，电源投资需求约占 55%，电网投资需求约占 45%。电力投资中，可再生投资几乎翻倍，核电增长近 80%，电网和储能投资强劲，部分原因在于为更好适应风电、光伏增长。亚太地区电力投资需求最大，占世界总投资需求的 47.4%。2019－2040 年世界电力投资需求预测如表 5 - 15 所示。

表 5 - 15　　　　　　　　　2019－2040 年世界电力投资需求预测

亿美元（2018 年可比价）

地区	电源	电网	合计
世界合计	111 010	88 000	202 690
北美	16 290	9590	26 540

续表

地区	电源	电网	合计
中南美	5140	4420	9590
欧洲	21 400	12 350	3420
非洲	6820	7270	14 290
中东	4470	2930	7410
欧亚大陆	4230	2470	6730
亚太	52 660	48 980	103 940

数据来源：IEA，World Energy Outlook，2019。

6

专题研究

6.1 国内外氢能产业发展比较

氢能具有零碳、高效、易储存等特点，具有来源多样、清洁低碳、可存储特点，是实现跨能源网络协同优化的重要途径。 欧美发达国家高度重视和支持氢能产业发展，将其作为能源创新与再工业化的重要着力点，国内氢能产业政策导向及产业定位逐渐明朗，国家层面发展规划有望出台。以壳牌、BP、道达尔为代表的世界石油巨头在氢气制取、储运及加氢站建设等方面，已有丰富的实践案例，是世界氢能产业发展的积极推动者。我国已加大氢能领域投入力度，但电解水制氢、储运氢、燃料电池等技术仍与国外存在一定差距。

6.1.1 国内外氢能产业发展政策比较

（一）国外氢能发展政策和企业层面氢能实践

欧美发达国家高度重视和支持氢能产业发展，将其作为能源创新与再工业化的重要着力点。 美国重视氢能产业，2008 年以来共计财政支持 17 亿美元支持氢能研发和推广；特朗普政府将氢能和燃料电池作为美国优先能源战略。日本政府提出建设"氢能社会"战略，应对能源资源短缺，目前氢能技术领域专利数世界第一，已实现燃料电池汽车和家用热电联供系统大规模商业化推广。欧盟近期发布《欧盟氢能战略》，提出扩大可再生能源制氢规模，在所有难以去碳化的领域应用氢能，2050 年实现碳中和，为此增加投资预算超过 4500 亿欧元，将推动新一轮以氢能为代表的清洁能源投资，创造就业，实现后疫情时代欧盟的经济复苏。德国发布《国家氢能战略》，计划 2030 年前投入 90 亿欧元发展氢能，可再生能源电解水制氢在国内氢能市场中占比达到 20%，并向世界进行氢能技术输出。西班牙就《可再生氢路线图》征求公众意见，征求意见稿中明确 2030 年实现约 4GW 电解槽装机，占欧盟目标的 10%，并要求全部采用可再生能源发电进行制氢。韩国政府 2018 年将氢能产业定位为三大战略投资领域之一，2019 年发布《氢能经济发展路线图》，提出 2030 年进入氢能社会，2019 年 6 月成立"绿色氢能海外事业团"，重点发掘建立氢燃料海外供应链具体项目。

以壳牌、BP、道达尔为代表的石油公司在氢气制取、储运及加氢站建设等方面，已有丰富的实践案例，是世界氢能产业发展的积极推动者。 BP 拥有超过 40 年的制氢经验和超过 10 年的汽车加氢站运营经验。已参与多个氢能示范项目，包括同戴姆勒克莱斯勒、福特公司合作研究先进燃料电池技术，在北京建成中国第一座加氢站。壳牌全面进军氢能领域。壳牌与日本川崎重工合作开发液氢运输船；与日本岩谷产业、日本电源开发公司将澳大利亚丰富的低质褐煤转化为氢气，液化后船运至日本；与丰田在加州建造 7 座加氢站，并拟在 2024 年增加至 100 座。此外，壳牌在其发布的《能源转型报告 2018》中提出在英国投资加氢设施等。道达尔积极推进加氢站布局。2013 年，在德国政府的主导下，道达尔与壳牌、戴姆勒等公司启动了 H2Mobility 项目，计划在 2023 年前在德国建设 400 座加氢站。截至目前，道达尔已经在德国建成了 10 座加氢站。此外，道达尔还与林德公司、宝马公司在氢气加注技术等方面开展了合作。

（二）国内氢能发展政策和企业层面氢能实践

国内氢能产业政策导向及产业定位逐渐明朗，国家层面发展规划正在制定之中。 2012 年以来，氢能多次出现在国家产业和科技发展相关规划中，尤其是 2019 年以来，我国氢能产业发展政策梳理见表 6-1。2019 年氢燃料电池产业首次纳入国务院政府工作报告，各地氢能产业规划布局提速，山东、河北、浙江、广东等省份发布本地氢能产业发展规划，形成了"东西南北中"五大氢能发展区域。广东、山西等 10 个省份将发展氢能写入 2020 年地方政府工作报告。2019 年 5 月，经全国人大批准的《关于 2019 年国民经济和社会发展计划执行情况与 2020 年国民经济和社会发展计划草案的报告》提出"制定国家氢能产业发展战略规划"。6 月，国家能源局印发《2020 年能源工作指导意见》，明确

"制定实施氢能产业发展规划"。

表 6-1　　　　　　　　我国氢能产业发展政策梳理

时间	政　策	主要内容
2006 年 2 月	国务院《国家中长期科学和技术发展规划纲要（2006—2020 年)》	**将氢能及燃料电池技术列入先进能源技术**
2012 年 7 月	国务院《节能与新能源汽车产业发展规划（2012—2020 年)》	首次规划燃料电池汽车未来发展要达到的科技指标，提出到 2020 年燃料电池汽车、车用氢能源产业要达到世界同步的水平，动力电池模块比能量达到 300W·h/kg 以上，成本降至 1.5 元/（W·h）以下
2015 年 5 月	国务院《中国制造 2025 战略规划》	实现燃料电池汽车规模进一步扩大，达到 1000 辆运行规模，到 2025 年，制氢、加氢等配套基础设施基本完善，燃料电池汽车实现区域小规模运行
2016 年 5 月	国务院《国家创新驱动发展战略纲要》	**将氢能和燃料电池技术列为引领产业变革的颠覆性技术**
2016 年 6 月	国家能源局《能源技术革命创新行动计划（2016—2030 年)》	明确氢能与燃料电池技术创新的重点任务
2016 年 6 月	国务院《国家创新驱动发展战略纲要》	15 项重点创新任务，含氢能与燃料电池技术创新
2016 年 8 月	国务院《"十三五"国家科技创新规划》	将氢能作为与可再生能源并列的重要组成部分大力发展
2016 年 12 月	国务院《"十三五"战略性新型产业发展规划》	**进一步发展壮大与氢能源相关的新能源汽车、新能源、节能环保等战略性新型产业**
2017 年 6 月	国务院《"十三五"交通领域科技创新专项规划》	提出推进氢气储运技术发展、加氢站建设和燃料电池汽车规模示范
2019 年 3 月	财政部等四部委《关于进一步完善氢能源汽车推广应用财政补贴政策的通知》	地方应完善政策，过渡期后不再对新能源汽车（新能源公交车和燃料电池汽车除外）给予购置补贴，转为支持充电（加氢）基础设施"短板"建设和配套运营服务等方面
2019 年 4 月	2019 年国务院政府工作报告	推动充电、加氢等设施建设

续表

时间	政策	主要内容
2020 年 4 月	工信部发布《2020 年新能源汽车标准化工作要点》	推动电动汽车整车、燃料电池、动力电池、充换电领域相关重点标准研制，加快重点标准研制
2020 年 4 月	财政部等四部委联合发布《关于完善新能源汽车推广应用财政补贴政策的通知》	重点围绕关键零部件的技术攻关和产业化应用开展示范，中央财政将采取"以奖代补"方式对示范城市给予奖励。**争取通过 4 年左右时间，建立氢能和燃料电池汽车产业链**，关键核心技术取得突破，形成布局合理、协同发展的良好局面
2020 年 5 月	国务院《关于 2019 年国民经济和社会发展计划执行情况与 2020 年国民经济和社会发展计划草案的报告》	**制定国家氢能产业发展战略规划**，并支持新能源汽车、储能产业发展
2020 年 6 月	国家能源局印发《2020 年能源工作指导意见》	将推动储能、氢能技术进步与产业发展，**制定实施氢能产业发展规划**，组织开展关键技术装备攻关，积极推动应用示范

中央企业依托技术和资源优势纷纷布局氢能产业技术研发，加快推动氢能产业示范应用。据统计，目前已有 26 家中央企业中开展氢能相关业务和布局，主要集中在装备制造、电力电网和石油化工三大领域。中央企业在高端装备制造和能源化工领域的技术优势和资源优势为氢能业务的快速布局提供了坚实基础。

电网储能方面，主要以国家电网公司为代表，为解决电力不能长时间存储和电网不稳定问题，国家电网公司重点布局以储能为目的的可再生能源制氢和氢能发电业务。全球能源互联网研究院研制了国内首套适用于新能源发电的电解制氢实验平台，建立了氢安全分析技术体系，建成 10kW 氢发电实验测试平台。2019 年，国网安徽综合能源服务有限公司联合安徽明天氢能科技股份有限公司在六安市打造了国内首个兆瓦级氢能源储能电站，为电网调峰和能源综合利用做应用示范。

可再生能源利用方面，作为五大电力集团中清洁能源占比最高的企业，国家电力投资集团有限公司积极布局可再生能源制氢、氢储运和燃料电池技术应用在内的氢能利用全产业链。2017 年 9 月，国家电投与腾华氢能、博石资产共同投资并建设 10 亿元氢能产业投资基金。2018 年 7 月，国家电投成立氢能工程领导小组，组建氢燃料电池研发实验室，完成燃料电池原理样堆开发，性能指标处于国内领先水平，并计划于 2020 年实现氢燃料电池技术的产业化。目前，国家电投正在全力打造氢能技术研发与高端制造一体化平台——国家电投集团氢能科技发展有限公司，除开展氢能技术研发和设备制造外，还分别在北京昌平和辽宁朝阳开展可再生能源制氢和氢能交通应用示范。此外，中国华能建成世界最大的风电制氢项目，参与签署白城"中国氢谷"产业发展备忘录。

绿色煤电方面，以中国华能为代表，研究以煤气化制氢、燃气轮机联合循环发电和燃料电池发电为主体，并对污染物和 CO_2 进行高效处置的煤基能源系统，从而大幅提高煤炭发电效率，使煤炭发电达到污染物和 CO_2 的近零排放，实现燃煤发电的可持续发展。同时向下游延伸，开展交通领域的氢能供应链技术研发示范。2018 年 4 月，华能清洁技术研究院与金鸿控股集团、苏州竞立制氢设备有限公司签署战略合作，在张家口开展氢能综合利用项目，通过开展制氢加氢站建设、移动加氢车项目研制，打造氢能产业供应链持续商业化运营示范项目。

低碳交通工具方面，以宇通客车、潍柴动力、中国中车、中国商飞等为代表，分别在大型客车、重型货车及叉车、轨道交通，以及飞机等交通运输工具制造领域探索氢能技术的应用和示范。目前，氢能源客车、货车及叉车已经实现商业化应用示范，氢能轨道交通和氢燃料动力飞机仍处于研发试验阶段。宇通客车依托在客车领域的技术和市场优势，2009 年开始研发燃料电池客车，已经开发三代燃料电池客车产品，累计销售数百辆。潍柴动力通过投资首个世界氢能技术公司布局氢能燃料电池，并通过合作研发燃料电池发动机，集成应用于下游已布局完善的重卡、客车、叉车等终端，形成"氢燃料电池—燃灯电池发动机—控制系统—整车"的氢燃料电池商用车的完成产业链。

冶金深度脱碳方面，以中核集团、中国宝武为代表，探索利用高温气冷堆核能制氢，并用氢气取代碳作为还原剂的氢冶金技术，从而推动钢铁冶金基本实现二氧化碳的零排放。2019 年 1 月，中核集团与中国宝武、清华大学签订《核能—制氢—冶金耦合技术战略合作框架协议》，就核能制氢—冶金耦合技术展开合作，目前处于实验室向中试前期过渡阶段。

6.1.2 国内外氢能产业链发展对比

氢能产业包括制氢、氢储运、用氢等环节，如图 6-1 所示。

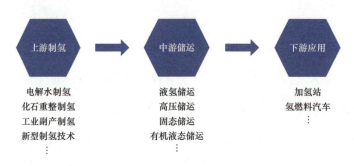

图 6-1 氢能产业图

（一）制氢环节

氢能制备以化石能源制氢为主，电解水制氢是研究和应用热点，质子交换膜电解等技术与国外相比存在较大差距。

制氢主要有传统化石能源制氢和电解水制氢两种方式，其中传统化石能源制氢又可分为以煤炭、天然气为代表的化石能源重整制氢，以及以焦炉煤气、氯碱尾气、丙烷脱氢为代表的工业副产气制氢。2018 年，世界氢能产量超过 7000 万 t，其中 96％ 源于传统化石能源制氢，电解水制氢产量仅占 4％。从制氢成本角度来看，电解水制氢单位能耗在 $4\sim5kW\cdot h/m^3$ 氢，制氢成本受电价影响较大，电价占到总成本的 70％ 以上，以国内市场为例，目前电制氢成本为

30～40 元/kg❶，远高于煤制氢成本❷。

电解水制氢是未来发展方向，但与国外技术水平相比差距较大。根据电解质不同，电解水制氢主要可分为碱性电解、质子交换膜电解水、固体氧化物电解水三类，三类技术指标对比见表 6-2。其中，碱性制氢国内外均处于商业成熟阶段，成本相对较低；质子交换膜电解技术运行灵活性和反应性较高，是目前研究和应用的热点，国内外技术水平差距较大；固体氧化电解水技术有望进一步提高制氢效率，技术上尚不成熟，仍处于实验室和小型示范阶段。以具有良好发展前景的质子交换膜电解技术为例，美国 Proton Onsite 等公司已研制出兆瓦级质子交换膜电解水制氢装置，百千瓦级已实现商业化应用；国内质子交换膜电解水制氢技术与国外差距较大，中船 718 所、大连化物所等国内先进单位研制的装置仅为几十千瓦，仍处于实验室阶段。

表 6-2　　　　　　　　　　电解水制氢技术指标对比

特性	碱性电解水制氢	质子交接电解水制氢	固体氧化物电解水制氢
能源效率	60%～75%	70%～90%	85%～90%
运行温度（℃）	70～90	70～80	700～1000
启停速度	较快	快	慢
动态响应能力	较强	强	—
电能质量需求	稳定电源	稳定或波动	稳定电源
系统运维	有腐蚀液体，后期运行维护复杂，成本高	有腐蚀液体，后期运行维护简单，成本低	目前以技术研究为主，尚无运行维护需求
电解槽寿命	可达到 12 000h	已达到 10 000h	—
电解槽成本（美元/kW）	400～600	约2000	1000～1500

---

❶ 电解水制氢单位能耗在 4～5kW·h/m³氢，若采用目录电价生产，制氢成本为 30～40 元/kg，目前四川、广东等地也给予了电价支持政策，电解水制氢最高电价限定为 0.3 元/（kW·h）和 0.26 元/（kW·h）。

❷ 以技术成熟成本较低的煤气化技术为例，每小时产能为 54 万 m³ 合成气的装置，在原料煤（6000kcal，1kcal＝4.184kJ，含碳量在 80% 以上）价格 600 元/t 情况下，制取氢气成本约为 8.85 元/kg。化石能源制氢结合碳捕集与封存（CCS）技术，煤制氢成本约为 15.85 元/kg。

续表

特性	碱性电解水制氢	质子交接电解水制氢	固体氧化物电解水制氢
安全性	较差	较好	较差
占地面积	较大	占地面积小	未知
特点	技术成熟，已实现工业大规模应用，成本低	较好的可再生能源适应性，无污染，成本高（PEM更换与贵金属电极）	部分电能被热能取代，转化效率高，高温限制材料选择，尚未实现产业化
国外代表企业	法国 Mcphy，美国 Teledyne，挪威 Nel	美国 Proton，加拿大 Hydrogenics	—
国内代表企业	苏州竞立，天津大陆制氢，中船重工 718 所	中船重工 718 所，中电丰业，大连物化所，安思卓，中国航天科技 507 所	—

（二）储运氢环节

我国氢能储运技术单一落后，无法支撑氢能在源端电转气、长周期储能以及交通等领域的应用。

氢的储存主要有气态储氢、液态储氢和储氢材料储存三种方式，技术差异见表 6-3。高压气态储氢是目前最成熟、成本最低，国内外应用最为广泛的储氢技术，国内主要采用 20MPa 储氢罐，国外已经发展 50、100MPa 储氢瓶。液态储氢密度较高，具有储氢量大、安全性高、成本高等特点，国外 70% 左右使用液氢运输，安全运输基本问题已经得到充分验证。国内应用目前仅限于航天领域，民用还未涉及，且缺乏液氢相关的技术标准和政策规范。储氢材料储氢由于技术的复杂性等问题，目前国内外尚停留在实验室阶段。

表 6-3　　　　　　　储氢技术现状及国内外应用现状对比

对比项	高压气态储氢	液化储氢	固体储氢
储氢成本	低	高	中
应用现状	国外 70MPa Ⅳ 瓶是车载储氢的主流技术；国内 35MPa Ⅲ型瓶是车载储氢主流方式	国外应用较多，国内仅在航天工程中成功使用	国外已在规模储氢中广泛应用；国内固态储氢已在分布式发电得到示范应用

续表

对比项	高压气态储氢	液化储氢	固体储氢
质量储氢密度（质量分数）	<5.7%	5.1%~7.4%	4.5%~18.5%
安全性	较差	较差	安全

氢的运输主要包括气氢拖车、液氢槽车和氢气管道三种方式，技术差异见表6-4。气氢拖车是近距离运输的重要方式，技术较为成熟，国外采用45MPa高压氢瓶长管拖车运氢，单车运氢可提至700kg，国内常以20MPa长管拖车运氢，单车运氢为300kg。液氢槽车输运适用于距离较远、运输量较大的场合，运输效率高、综合成本低，美国、日本已将气氢槽车作为加氢站运氢的重要方式，国内尚未实现商业化的液氢输运。管道运输应用于大规模、长距离的氢气运输，可有效降低运输成本，国内氢气管道运输规模远远落后于发达国家。美国、欧洲已分别建成2400、1598km的输氢管道，我国则仅有约100km的输氢管道。氢储运技术的落后，直接制约了氢能在储能、交通等方面的多元化发展和大规模应用。

表6-4   运氢技术现状及国内外应用现状对比

对比项	气氢拖车运氢	液氢运氢	管道运氢
压力（MPa）	20	0.6	1~4
应用现状	广泛用于商品氢运输	国外应用较为广泛，国内目前仅用于航天及军事领域	国外处于小规模发展阶段，国内尚未普及
载氢量（kg/车）	300~400	7000	—
体积储氢密度（kg/m³）	14.5	64	3.2

（三）用氢环节

目前氢能仍主要应用于工业领域。2018年世界48%的氢气应用于石油炼化、43%的氢气应用于氨生产。近年来，燃料电池技术的快速发展推动了氢能在交通和发电领域的应用。

在交通领域，燃料电池汽车应用规模发展迅速，国外以乘用车为主，国内以商用车为主，整车研发和技术水平落后于发达国家。燃料电池应用来看，如图 6-2 所示，2019 年世界燃料电池汽车保有量达到 25 210 辆，同比增长 12 350 辆，同比增长 112%。2019 年，国外燃料电池汽车销量为 7578 辆，同比增长 90%，主要分布在韩国、美国和日本，且基本为乘用车；由于我国对燃料电池商用车的政策支持，2019 年国内燃料电池汽车销量为 2737 辆，同比增长 79.2%，基本为商用车。燃料电池制造来看，美国、日本和韩国仍然是领先者，在整车性能、可靠性、寿命和环境适应性等方面已基本达到了与传统汽油车相媲美的水平。尽管国内燃料电池汽车产业正在逐步成熟，但与发达国家相比，在核心材料、部件水平、整体寿命方面还有一定差距，主要受制于低铂、超低铂的催化剂和膜电极的研发。

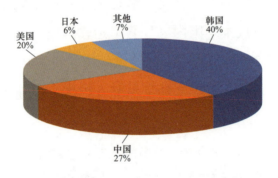

图 6-2 2019 年世界燃料电池汽车销售量数据对比

在发电领域，主要分布在日本、美国、韩国等国家，国内技术水平落后，也缺乏相关标准和政策，应用较少。燃料电池发电主要有独立式电站和家用热电联供系统两种场景。已有独立式电站主要分布在美国、韩国和日本地区，国内仅在辽宁省营口市有一座两兆瓦燃料电池发电系统。已有家用热电联供系统主要应用在日本和德国，日本已部署 27.4 万套，国内尚无市场化产品。日本家用热电联产系统通过天然气重整制取氢气，再将氢气注入燃料电池中发电，同时用发电时产生的热能来供应暖气和热水，整体能源效率可达 90%，平均为用户节省的照明和取暖费用约为 6 万元/年。

6.1.3　中国氢能产业发展趋势研判

（1）制氢环节，近期仍将以化石能源制氢为主，电解制氢是中远期发展方向，尤其是可再生能源制氢。

近期来看，电制氢成本仍然较高，制氢仍以化石能源为主。中远期来看，化石能源制氢副产大量二氧化碳，不符合低碳环保发展趋势。随着质子交换膜（PEM）等电解水技术逐步实现商业化，将成为未来制氢主要方式。考虑化石能源发电制氢存在碳排放❶，可再生能源发电制氢的占比将会进一步提高。根据中国氢能联盟预计，到 2030 年，我国氢气年均需求量将达到 3500 万 t，煤制氢配合 CCS（碳捕集与封存）技术和电解水制氢是有效供氢主体；到 2050 年，氢气年均需求约为 6000 万 t，电解水制氢将成为主要供氢主体。根据初步测算，2030 年和 2050 年全国范围内电制氢将增加年用电量 0.59 万亿 kW·h 和 2.02 万亿 kW·h，分别占当年用电量的 5.2% 和 14.5%。

（2）储运氢环节，近期以可灵活应用的气氢拖车和液氢罐车储运方式为主，中远期逐步转向低成本管道运输。

近期来看，储氢仍将以 70MPa 气态方式为主，辅以低温液氢，输运以车运为主。中远期来看，随着集中式氢气生产基地增加和消费市场规模扩大，将提高输氢管道的运能利用率，管道运输将逐步发挥优势。中远期氢的储运将由高压气态、液态氢罐为主逐步转变为低成本管道运输。

（3）用氢环节，燃料电池近期以交通领域为先导，汽车先商用后乘用，中远期实现燃料电池在船舶等非道路交通的广泛应用。

近期来看，燃料电池汽车受配套产业发展滞后、成本较高等因素制约，与电动汽车相比，在乘用车领域没有竞争优势，但可以发挥高续航、高储能的优

---

❶　按照当前中国电力的平均碳强度计算，电解水制得 1kg 氢气的碳排放为 35.84kg，是化石能源重整制氢单位碳排放的 3～4 倍。

势，在长距离运输、大重量承载的物流车/公交车等商用车领域实现推广。中远期来看，随着氢能产业链规模扩大、技术进步和成本降低，燃料电池汽车将从商用车领域延伸到乘用车领域，与电动汽车长期共存、互为补充。根据世界氢能委员会发布的《氢能源未来发展趋势调研报告》，2030 年世界燃料电池乘用车将达到 1000 万～1500 万辆。同时，也有望实现燃料电池在船舶、飞机等非道路交通的应用。

（4）考虑电制氢和储氢可以起到灵活性负荷和长时间能量储存调节作用，未来将为系统在高比例可再生能源发展阶段中提供优质系统调节资源。

一方面，电制氢作为可控负荷，调节性能优异，可用于系统调峰、调频。例如，质子交换膜电制氢设备的调峰深度可达到 100%～160%，爬坡速率为 100%/s，冷启动时间为 5min。另一方面，氢能适用于大规模和长周期储能，可提升未来高比例新能源情景下的调节能力。储氢规模可从千瓦级到吉瓦级，若采用洞穴储氢，存储能力可达百吉瓦时，储能时间可从几小时到几个月，可实现跨季节储能调峰。

6.2　国内外海上风电发展比较

6.2.1　国内外海上风电发展形势分析

根据国际可再生能源署（International Renewable Energy Agency，IRENA）统计，如图 6-3 所示，截至 2019 年底，世界海上风电累计并网容量为 2831 万 kW，同比增长 19.8%，约占世界风电总装机容量的 4.5%；2019 年新增海上风电装机容量约为 468 万 kW，约占世界风电新增装机容量的 7.9%。

装机分布主要集中在欧洲和中国，占总容量的 98.7%。欧洲是世界海上风电开发的先行者，在装机规模和技术水平上均处于世界领先地位。2019 年，欧洲海上风电新增并网容量为 363 万 kW，累计并网容量为 2207 万 kW，分布在

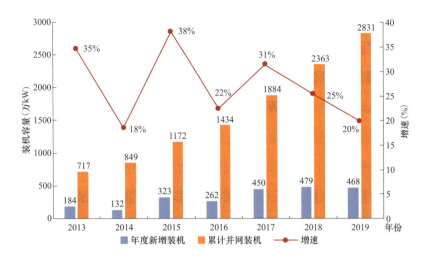

图 6 - 3 世界海上风电并网装机容量

12 个国家共计 5047 台风电机组，其中英国为 990 万 kW，居世界首位，德国、丹麦分别为 740 万、170 万 kW。

（一）国外海上风电发展形势

海上风电单机机组向更大容量方向发展，10MW 及以上风电机组成为各制造商的战略机型。如图 6 - 4 所示，2019 年，欧洲共计 502 台风电机组并网，平均单机功率达到 7.8MW，较 2018 年增长了 1MW。目前，10MW 及以上风电机组成为各制造商的战略机型，西门子歌美飒首台 11MW 海上风电机组在丹麦

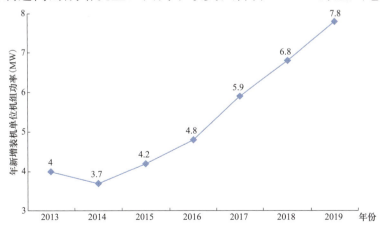

图 6 - 4 欧洲海上风电年新增装机单机容量

Osterild 风场完成安装，GE 公司 12MW 样机于 2019 年 10 月在阿姆斯特丹完成吊装并发电，成为世界单机功率最大的海上风电机组。预计到 2030 年，海上风电单机功率将达到 15～20MW。

海上风电场向更深、更远海域拓展。如图 6-5 所示，2019 年，欧洲新增海上风电平均离岸距离达到了 59km、水深 33m，较 2018 年离岸距离 35km、水深 30m 均有提升，英国的 Hornsea One 和德国的 EnBW Hohe See 是目前离岸最远的风电场，距离均超过 100km。

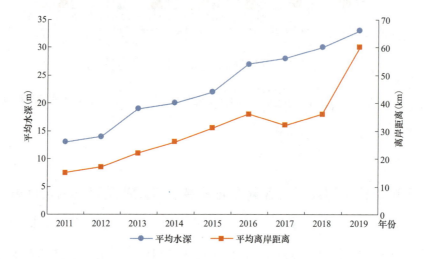

图 6-5 欧洲海上风电场平均水深与离岸距离

海上风电平准化度电成本延续下降态势。图 6-6 所示为世界海上风电初始投资及平准化度电成本（levelized cost of energy，LCOE）成本，根据 IRENA 统计，世界海上风电初始投资从 2000 年的 2500 美元/kW 上升到 2011－2014 年的约 5400 美元/kW，2018 年下降为 4350 美元/kW。世界海上风电 LCOE 与初始投资趋势基本一致，经过数次反复增长，到 2014 年开始下降，2018 年为 0.127 美元/（kW·h），2019 年为 0.115 美元/（kW·h）。海上风电成本的变化并非像陆上风电一样保持连续降低的态势，主要受历年海上风电项目装机水深、离岸距离、机组容量等综合因素影响。

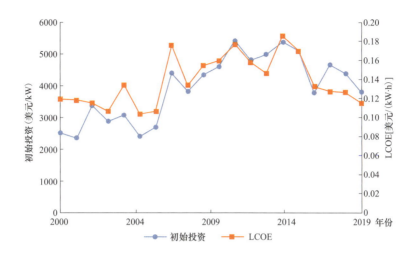

图 6-6 世界海上风电初始投资及 LCOE 成本

（二）中国海上风电发展现状及面临的问题

中国海上风电发展迅速，成为仅次于英国和德国的世界第三大海上风电国家。2019 年，中国海上风电新增并网装机 198 万 kW，同比增长 50%，如图 6-7 所示，累计并网容量为 593 万 kW，提前一年完成"十三五"500 万 kW 规划目标。中国海上风电主要分布于江苏、福建、上海等地区，其中，江苏并网容量为 423 万 kW，占总装机的 72.7%，居全国首位。

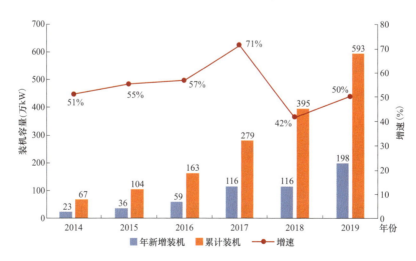

图 6-7 我国海上风电并网装机容量

去补贴、提高设备可靠性以及提升装备国产化水平是当前中国海上风电发展面临的主要问题。

一是海上风电造价偏高、补贴退出的情况下，大规模发展经济性风险较大。自 2014 年，在固定上网电价政策的支持下，中国海上风电快速发展；2019 年 5 月，《关于完善风电上网电价政策的通知》（发改价格〔2019〕882 号）提出，新核准海上风电项目全部通过竞争方式确定上网电价；2020 年 2 月，《关于促进非水可再生能源发电健康发展的若干意见》（财建〔2020〕4 号）提出，新增海上风电不再纳入中央财政补贴范围。为争取较高上网电价，2019 年掀起一轮"抢装潮"，政府部门加快核准了一大批海上风电项目。海上风电是资金、技术密集型的长周期产业，保持政策稳定和收益预期是促进海上风电持续发展的关键。目前海上风电造价仍然偏高，在补贴退出的情况下，若大规模发展经济性风险较大。

二是中国海上风电商业运营时间较短，设备可靠性还需时间检验。与陆上风电相比，海上风电运行环境更加恶劣，并且面临台风、腐蚀等新问题。欧洲海上风电起步较早，1991 年丹麦建成世界首个海上风电项目，英国第一座海上风电场于 2000 年并网，近期即将退役。欧洲海上风电经历了一轮设计周期的实践，在装备制造、建设施工、运行维护乃至退役拆除方面积累了丰富的经验，支撑了近几年海上风电的大规模发展。中国海上风电起步较晚，2010 年首个海上风电项目在上海开工建设，2014 年全部竣工投产。中国商业化运营的海上风电场多在 2015 年以后，在运营初期，质量问题频繁发生。近两年，新型大容量机组密集投运，可靠性仍需时间检验，若大规模快速发展产生质量问题，将面临很大损失。

三是关键设备依赖进口，国产化率成为制约中国海上风电发展的关键因素。2009 年，《关于取消风电工程项目采购设备国产化率要求的通知》（发改能源〔2009〕2991 号）取消了风电设备国产化率 70% 以上的限制，外资企业和进口设备不断进入中国风电市场。与陆上风电相比，中国海上风电部分设备和大部件仍依赖进口，如大容量风电机组的关键部件主轴承大多采用国外企业产品，进口一台主轴承设备大约需要 4000 万元，成本高昂。目前中国也在加紧海上风电关键技术研发，核心任务是提升海上风电机组的可靠性，实现平均故障间隔时间由 1000h 降低至 350h，提高关键零部件的国产化率至 95%。

6.2.2　国内外海上风电技术经济性比较

（一）技术水平比较

在单机容量方面，中国已投运的海上风电机组单机容量不断提升，逐步缩小与欧洲的差距。中国并网的海上风电机组以 4MW 为主，截至 2018 年底，该机型累计装机 234.8 万 kW，占海上总装机容量的 40%。目前中国已经掌握5～7MW 海上风电整机集成技术，5MW 风电机组成为招标要求的主流机型，湛江外罗 19.8 万 kW 海上风电项目的 36 台 5.5MW 风电机组于 2019 年底并网运行，成为中国平均装机最大的商业化运营海上风电项目。中国已吊装的最大功率机组达到了 8MW，多家整机制造商正在开展 10MW 机型的设计和样机生产，逐步缩小与欧洲的差距。

在离岸距离与装机水深方面，中国海上风电以潮间带和近海风电开发为主。中国海上风电场分为潮间带和潮下带滩涂风电场、近海风电场以及深海风电场，其中潮间带和潮下带滩涂风电场水深在 5m 以下，近海风电场水深在 5～50m，深海风电场水深在 50m 以上。中国潮间带和近海风电开发技术较为成熟，已投运的海上风电基本在 25m 水深以内，2018 年，装机项目平均水深 12m，平均离岸距离 20km。25～50m 水深的近海以及深远海是海上风电发展最具潜力的海域，但目前的技术水平、装备水平以及经济性还难以大规模开发。

在装备水平方面，中国施工船规模和水平得到显著提升，但结构失衡。中国早期海上风电施工船多由海洋工程船舶改造而成，面临起重高度和能力不够、机动性能差、抗风浪能力不足等一系列问题。随着近几年海上风电的快速发展，专用施工与安装船舶性能得到了显著提升。截至 2019 年 4 月，中国投入使用和在建的风电安装船接近 30 艘，其中投运 22 艘，在建 7 艘，先进的船只可以独立完成 6～8MW 级风电机组的起重、打桩、吊装和运输等作业。与欧洲主流施工船相比，如表 6-5 所示，中国施工安装船在使用水深、主吊吊重、主吊吊高、可变载荷等关键技术水平上仍有较大差距，超大型液压打桩锤技术长期依赖进口，由荷兰 IHC 和德国 MENCK 两家公司垄断，建安成本居高不下。同时，中国海上风电短期的爆发式增长，导致施工船舶扎堆生产投运，一方面，面临产能过剩；另一方面，面向下一代更大容量机组、更远更深海域的施工船舶匮乏。

表 6-5　　　　　　　　　中欧海上风电安装船水平对比

区域	船名	使用水深（m）	主吊吊重（t）	主吊吊高（m）	可变载荷（t）
欧洲	VOLTAIRE	80	3000	165	14 000
	ORION	浮吊	5000	170	25 370
	BOLD TERN	60	800	120	7600
中国	振华 6 号	50	2500	120	5000
	烟打 1200t	50	1200	120	4500
	三峡号	50	1000	110	3600

施工效率还有较大提升空间。受复杂海洋水文和气象影响，海上风电施工窗口期较短，其中沉桩施工、机组吊装、海缆敷设等工序需要连续数天作业，因此施工效率尤为重要。施工效率的提升需要成熟完善的施工流程，配备经验丰富的施工队伍，但施工装备仍是提升效率的决定性因素。如表 6-6 所示，从中国和欧洲两只定位相近的施工船对比来看，三峡号最大航速与运载能力均为 BOLD TERN 的 1/2，在吊装效率方面 BOLD TERN 在 Borkum Riffgrund 风电场 40 天完成了 28 台 8MW 机组的吊装，三峡号年吊装量约为 40 台机组。平均而言，欧洲一条船一个月可以完成 10 台以上机组的吊装，而中国平均能够完成 4 台左右，施工效率方面还有很大提升空间。

表 6-6　　　　　　　　　　中欧海上风电安装船效率对比

船名	交付时间	最大航速（knot）	运载能力（MW）	吊装效率
BOLD TERN	2013 年	12	4×8	40 天吊装 28 台 8MW 机组
三峡号	2017 年	6	2×7/3×5	全年吊装 40 台机组

注　1knot＝1.852km/h。

（二）经济性比较

由于海底地质条件以及适合开发海域离岸距离不同，中国沿海各省海上风电造价有所差异。如表 6-7 所示，长江以北近海海域以滩涂、淤泥沉沙为主，工程造价偏低，在 15 000 元/kW 左右；长江以南海域海床以岩石为主，工程造价偏高，在 17 000 元/kW 左右。2019 年中国海上风电项目平均度电成本为 0.079～0.118 美元/（kW·h），折合人民币为 0.521～0.779 元/（kW·h），平均度电成本为 0.093 美元/（kW·h），折合人民币约为 0.614 元/（kW·h）。

表 6-7　　　　　　　我国主要省份海上风电度电成本（2019 年）

省（市）	单位造价 （元/kW）	等效利用小时数 （h）	度电成本 [元/（kW·h）]
江苏	14 500～16 500	2500～3000	0.538～0.645
上海	15 000～16 500	2800～3000	0.596～0.656
浙江	15 500～16 500	2600～2800	0.616～0.706
福建	17 500～18 500	3500～4000	0.487～0.588
广东	16 500～17 500	2800	0.656～0.695

中国沿海主要省份海上风资源有所差异，但各省开发效益趋于一致。中国海上风资源呈现由北向南递增的趋势，其中长江以北地区，年均风速仅在 7m/s 左右，如江苏近海 100m 高年均风速为 6.5～7.8m/s；长江以南沿海风资源相对丰富，如广东近海 100m 高年均风速为 7.0～8.5m/s，福建海上风资源最为丰富，年均风速可达 9～11m/s，但台湾海峡台风频繁。沿海各省风资源的差异弥补了该地区海床结构的不同所带来的投资成本差异。

如表 6-7 所示，江苏、上海、浙江、广东 4 省（市）度电成本基本一致。

其中江苏海上风电起步较早，产业配套成熟，建造成本较低且基本不受台风影响，度电成本相对较低。福建风资源最为丰富，虽然岩石型海床结构和台风因素使得整体造价最高，但平均度电成本全国最低。福建海上风电起步较晚，随着基础施工技术进步，未来有望成为中国海上风电价格洼地。

6.2.3　国外海上风电发展对中国的启示

（1）注重海上风电勘察与资源再评估。

目前，中国主要针对近海海域资源进行评估，50km 以外海域数据还不全面，难以为中远期规划提供数据支撑。与陆上风电相比，海上风电开发涉及的管理部门更多，程序更为复杂，成本也更高。政府在协调、资源整合方面具有天然优势，宜牵头做好海上风电勘察和评估的基础性工作，欧洲各国政府在该方面发挥了重要作用，如德国规定 2021 年开始并网的海上风电项目，由德国联邦海事和水文局完成前期选址和勘察等工作；丹麦政府牵头负责环评、海洋勘测等主要前期工作；英国海上风电的勘察和微观选址主要由开发商主导，但政府部门负责编制海上能源战略环境评估报告，为规划或海床租赁提供决策依据。中国海上风电规划以省为单位开展，政府在资源勘察、环境评估以及数据公开等方面还需要提升服务水平。

（2）加强适应我国风资源条件的风电机组选型。

提高单机容量是降低度电成本的重要路径，但中国风资源条件难以媲美欧洲，大容量机组经济性并非最优。以欧洲年平均风速 10m/s、中国年平均风速 8m/s 计算，在相同容量利用系数下，我国机组最佳单机容量仅为欧洲的 1/2，一味提高单机容量将导致容量利用系数降低，年发电量并不能随着单机容量提升而持续增长。同时，中国执行的是固定海域限容量核准，在全场容量确定的基础上再开展机组选型，提高所有机组整体投入产出比是中国开发商的主要目标。中国海上风电机组选型应从风资源实际条件出发，合理对标国外风电机组容量，选择合适的技术路线，确定一批稳定的机型，优先满足经济性和可靠性的基本要求。

（3）保障大规模集中连片海上风电安全稳定运行。

与陆上风电类似，海上风电同样存在频率、电压耐受能力偏低问题。大型机组故障或大容量线路跳闸使得系统频率、电压发生较大变化，特别是沿海省份多为特高压直流受端电网，交流侧故障极易引发直流闭锁，造成大额功率缺失，从而导致海上风电机组大规模脱网，引发连锁故障。资料显示，2019 年 8 月 9 日英国发生大规模停电事故与世界上最大的 Hornsea 海上风电场密切相关。大规模海上风电并网除频率、电压耐受问题，还存在宽频带（5～300Hz）的次同步振荡问题，危及火电机组及主网安全，该类问题在新疆、甘肃等陆上风电富集地区更为显著。在大力发展海上风电的同时，应提高机组涉网性能，挖掘机组自身动态有功、无功调节能力，防范大规模脱网引发连锁故障。

（4）完善海上风电补贴政策。

在开发成本仍然高企且无中央财政补贴的情况下，应进一步完善海上风电相关政策，保障海上风电产业持续发展。一是实行配额制下的绿色电力证书交易。2017 年，中国启动绿证自愿认购政策，作为新能源发电上网电量财政补贴的补充措施；2020 年，中国正式施行可再生能源配额制，自愿认购绿证作为完成配额指标的补充方法；《关于促进非水可再生能源发电健康发展的若干意见》（财建〔2020〕4 号）提出自 2021 年 1 月 1 日起实行配额制下的绿色电力证书交易，通过绿证交易替代财政补贴。目前中国海上风电开发成本较其他可再生能源发电相对要高，可参考英国配额制实施经验，即每兆瓦时海上风电的绿色证书高于其他可再生能源种类，并随着成本降低，适时退坡。二是实施地方补贴。与陆上风电不同，海上风电仅在中国 10 多个沿海省份开发，且基本在沿海省份就近消纳。海上风电对沿海省份的经济、产业、就业带动能力很强，中国广东阳江、江苏如东等地具备建设海上风电母港的良好条件。地方政府和企业享受海上风电发展红利，可通过地方补贴适当反哺较高的开发成本。

6.2.4　"十四五"　中国海上风电发展前景预测

规模方面，"十四五"期间，中国海上风电装机将居世界首位。"十四五"期间，中国海上风电年均新增并网容量宜在 300 万～500 万 kW 之间，合计新增海上风电装机容量为 1500 万～2500 万 kW，到 2025 年底，累计装机容量达到 2500 万～3500 万 kW。

布局方面，根据开发经济性、技术成熟度以及政策支持力度，形成不同规模等级的海上风电基地。优先开展江苏、福建、广东、上海、浙江海上风电建设，80％装机集中在江苏、广东、福建，其中江苏、广东建成集中连片的千万千瓦级海上风电基地，"十四五"末，福建海上风电实现平价上网，浙江、河北、上海、天津并网与在建装机超百万千瓦，山东、辽宁、海南在风资源丰富海域并网与在建一批试点示范海上风电项目。

技术经济性方面，风资源较好、造价偏低的局部海域基本实现平价上网。当前各项技术不断走向成熟，未来成本下降难以达到初期的速度，中国大容量机组的关键部件如主轴、电控系统依赖进口，受产能等因素影响，成本居高不下，下降空间有限。同时，随着近海风电向深远海拓展，开发成本也将快速上升。经测算，"十四五"时期，中国海上风电工程投资造价下降 20％左右，单位千瓦投资下降至 12 000～15 000 元，度电成本下降至 0.37～0.523 元/（kW·h）。平价上网方面，预计"十四五"末，福建有望达到平价上网水平，其他省份在风资源较好、造价偏低的局部海域基本实现平价上网，但总体难以达到平价上网水平。

6.3　国内外生物质发电发展比较

生物质能形式多样、应用广泛，涵盖了电力、热力、交通等多个领域。生物质能是可再生能源体系中的重要组成部分，国际能源署在 2018 年底发布的《可再生能源市场报告 2018》中提出，生物质能是可再生能源中被忽视的"巨人"。该报告预测，生物质能引领未来 5 年可再生能源消费增长，**生物质能在供热和交通的占比和影响力远大于其他可再生能源，预计将占到可再生能源消费增长的 30％。到 2023 年，生物质能将成为可再生能源的主力。**

6.3.1　世界生物质发电发展总体形势❶

当前，世界能源供给和消费格局发生深刻变化，努力减缓全球气候变化、逐步减少对传统化石能源的依赖成为能源可持续发展的必由之路。生物质能是全球使用最广泛且可直接替代化石能源的可再生能源，各国不断加大对生物质能开发与利用支持力度。

全球生物质发电建设规模持续稳定增长。作为重要的规模化、产业化的现代生物质能利用方式，如图 6‑8 所示，2019 年全球生物质发电装机规模达到

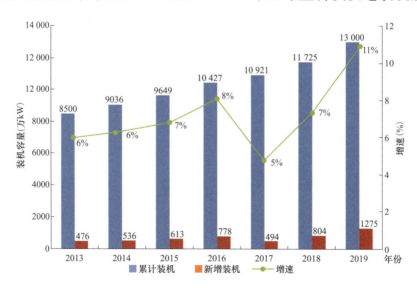

图 6‑8　全球生物质发电装机容量（2013—2019 年）

---

❶　来源于水电水利规划设计总院《2019 中国生物质发电行业发展报告》。

13 000 万 kW，比 2013 年增加 4500 万 kW，年均增长率约为 8.8%。全年发电量为 5810 亿 kW·h，年均发电利用小时数为 4469h。

生物质发电区域集中度相对较高。分区域看，生物质发电主要集中在欧洲、美洲和亚洲，其中，欧洲占全球生物质发电总装机容量的比例为 32.5%，亚洲为 31.1%，美洲为 30.7%。如图 6-9 所示，分国家和地区看，欧盟、中国、美国、德国和印度 5 个国家和地区装机容量最多，合计为 9934 万 kW，占全球总装机容量的 77%。其中，欧盟地区居全球第一，累计装机容量为 4200 万 kW，占全球累计装机的 32%；中国居全球国家和地区排名第二，居全球国家排名第一，累计装机容量为 2369 万 kW，占全球累计装机的 18%。

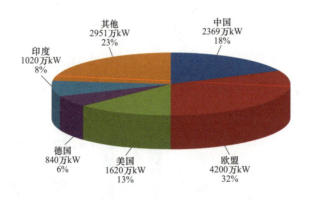

图 6-9　全球生物质发电布局

主要国家出台更积极的生物质能利用政策。德国《可再生能源法》（2017年）、《热电联产法案》明确提出支持提高生物质发电效率，促进通过热电联产设备进行生物质发电。2020 年 1 月，美国能源部宣布新一轮推进生物能源技术资助机会公告（FOA），总资助金额超过 9600 万美元，支持方向包括降低完全生物燃料价格，降低生物能源成本，以及利用生物质或废弃物资源生产高价值产品等，其中重点支持利用城市和郊区生物质或废弃物资源进行发电和其他能源产品开发。

生物质能在国际能源体系中所占地位将进一步提升。国际可再生能源署（IRENA）发布的《可再生能源路线图2030》预测，2030年可再生能源在全球能源消费总量中的占比将达到36%，其中生物质能在可再生能源中的占比将达到50%，将在全球能源体系中发挥重要作用。

中国将成为全球生物质发电行业主力军。根据国际能源署（IEA）判断，中国有望在2023年成为全球最大的生物质能源生产国和消费国，届时中国生物质发电装机规模占全球的比重或将上升到22%左右。

6.3.2 国外典型国家生物质发电发展经验

（一）美国生物质发电发展

美国可能源化的废弃物主要包括农业废弃物、木材废弃物、生活废弃物和土地保护项目中的专门能源作物。生物质废弃物已经成为美国主要的能源之一，生物质废弃物目前转化的能源在美国能源总消费量的比例超过了3%。表6-8展示了美国年度生物质废弃物产生量。其中，农作物废弃物主要来源于玉米、小麦、大豆、棉花、高粱、大麦、燕麦、水稻、黑麦、油菜、花生、土豆、红花、向日葵、蔗糖和亚麻。根据粮食总产量、农作物废弃物率、含水量，以及考虑农作物废弃物还田和其他农业用途，可以计算出农作物废弃物实际废弃的数量。假定30%的农作物废弃物就地还田以保护土壤，畜禽饲料消耗20%~25%的农作废弃物，以及10%~15%的农作废弃物用于其他农业用途，从而有大约35%的农作物废弃物可用于能源转化的生物质废弃物，其具体数额为每年15 719.4万t。美国土地保护计划中的土壤保护作物也是生物质废弃物来源的重要渠道。对于一些不适合种植传统农作物的土地或者实施土地休耕保护计划的土地，土地所有者往往种植了一些专门的能源作物，例如柳枝稷、柳树和杨树等。总的来说，美国通过土地保护计划平均每年能产生8357.2万t的柳枝稷可用于生物质能源转化。

表 6 - 8　　　　　　　　美国年度生物质废弃物产生量　　　　　　　万 t

种　类	产生量	种　类	产生量
农作物废弃物	15 719.4	城镇木材废弃物	3090.2
土地保护计划中的柳枝稷	8357.2	畜禽粪便产生的沼气	218.9
森林木材废弃物	5661.2	生活废弃物填埋产生的沼气	1238.0
原始木屑	7712.5	生活污水产生的沼气	46.5
二次加工木屑	261.5	总计	42 305.4

数据来源：Milbrandt（2005）。

美国生物质废弃物最大比例来自木材，大约 39.5％的生物质废弃物取自于木材（16 725.4 万 t），包括森林木材废弃物、原始木屑、二次加工木屑和城镇木材废弃物。具体来说，森林木材废弃物为 5661.2 万 t，包括伐木产生的废弃物、幼林抚育产生的废弃物和树木自然老化产生的废弃物，原始木屑为 7712.5 万 t，包括初级木材加工过程中产生的木料和树皮，二次加工木屑为 261.5 万 t，主要来源于家具厂、木容器和托盘工厂等木工厂生产过程中产生的木头碎片和锯屑，城镇木材废弃物为 3090.2 万 t，主要包括生活垃圾中的木制品、修剪树木产生的废弃物和建筑拆除的木材。

同时，美国畜禽养殖业发达，其产生的大量畜禽粪便也是生物质废弃物的重要来源。美国畜禽粪便主要来自奶牛、肉牛、猪、羊、鸡（蛋鸡和肉鸡）以及火鸡等畜禽养殖产业。据预测，美国在 2030 年畜禽养殖业将产生 6000 万 t 的畜禽粪便。畜禽粪便经过厌氧发酵则可以产生沼气，美国每年可以通过畜禽粪便生产 218.9 万 t 的沼气。生活废弃物（主要指餐厨废弃物）和生活污水都富含有机质，是厌氧发酵生产沼气的良好物质。美国每年通过生活废弃物和生活污水可以分别生产 1238.0 万 t 和 46.5 万 t 沼气。

除上述之外，生活废弃物焚烧发电也是美国能源供应的重要组成部分。美国废弃物焚烧能源化产业兴起于 20 世纪 70 年代的能源危机时期，在 20 世纪 90 年代的时候，超过 15％的生活垃圾被焚烧用于能源再生，以及几乎所有的无害废弃物焚烧场都在满负荷生产。然而，在 1996—2007 年，由于环境和政治方面的压力，美国没有建造任何一所新的废弃物焚烧场。但即使如此，美国生活废弃物焚烧场在 2002 年净生产了 13.5 亿 kW·h 的电量，是除水力发电和地热发电之外的发电量最大的可再生能源的来源。

随着 2005 年能源政策法案把生活废弃物定义为可再生资源，通过焚烧废弃物生产能源经历了一个新的发展机遇。据资料显示，截至 2013 年美国总共有 80 座废弃物焚烧场，每天能处理 95 253t 废弃物，如图 6-10 所示，美国的废弃物焚烧场主要分布在东北部和南部，两者数量之和为 59 座，占总数量的 73.75%，中西部和西部的废弃物焚烧场相对较少，分别为 14 座和 7 座。

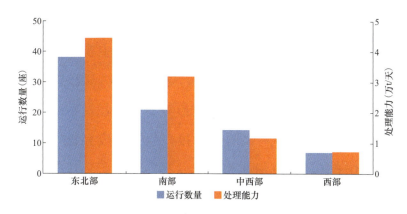

图 6-10　美国废弃物焚烧项目分布及处理能力（2013 年）

数据来源：Energy Recovery Council，USA（2014）。

20 世纪八九十年代，美国生活废弃物焚烧处理量经历了一个迅速的增长阶段，由 1960 年的零焚烧处理量增加至 1990 年的 2970 万 t 焚烧处理量，占当时总废弃物产生量的 14.2%，而在 2013 年美国生活废弃物焚烧处理量为 3266 万 t，占总废弃物产生量的 12.9%，但填埋仍是生活废弃物处置的主要方式。

最后，根据不同生物质废弃物的热值，可以估算出各种废弃物所能转化成的能量。农作物废弃物能源转化潜力最大，为 3119.6PJ，占总能源转化潜力的 38.6%；其次为土地保护计划中的柳枝稷，其能源潜力为 1612.5PJ，占总能源转化潜力的 20.0％；接下来为原始木屑、森林木材废弃物、城镇木材废弃物和二次加工木屑，其能源潜力分别为 1499.3、1111.5、626.3、105.05PJ，该四种木材废弃物总能源潜力为 3342.2PJ，占总能源转化潜力的 41.4％。进一步可以计算出，99.9％的能源转化潜力来自农作物废弃物、土地保护计划中的柳枝稷和木材废弃物。而能源潜力最小的则为生活废弃物焚烧产生的沼气、生活废弃物填埋产生的沼气、畜禽粪便产生的沼气和生活污水产生的沼气，其能源潜力分别为 4.860、0.652、0.115、0.024PJ，该四类废弃物总能源潜力仅占总废弃物能源潜力的 0.1％。

（二）日本生物质发电发展

在日本的主要能源供应中，其中，石油仍占据主导地位，为 50.4％；其次为煤炭，其所占份额为 18.8％；接下来为天然气、核能、水能和地热能，其所占份额分别为 13.3％、12.8％和 3.6％；而新能源（主要指可再生能源）所占的份额十分有限，为 1.1％。可见，石油、煤炭、天然气和核能是支持日本经济增长的四大能源支柱。但随着世界能源形势的变化，日本高度重视可再生能源的发展，加大了对可再生能源的开发力度。生物质废弃物作为可再生能源的重要组成部分，由于其具有节约能源、减少污染和改善环境等功效，如何对其进行能源化利用逐渐引起了日本政府和学者的关注。生物质废弃物主要包括农作物废弃物、木材废弃物、渔业废弃物、餐饮业等废弃物、畜禽废弃物和居民生活废弃物。Minami&Saka（2005）估计了日本年度废弃生物质产生量和能源化可利用量，日本农作物废弃物年总产量为 1981.7 万 t，其中，稻秸占主要部分，其年产量为 960.7 万 t；其次为其他作物废弃物，其年产量为 702.9 万 t；接下来分别为稻壳、麦秸和甘蔗渣，其相应的年产量分别为 207.8 万、86.7 万 t 和 23.6 万 t。但由于目前农作物废弃物主要用来就地还田、堆肥、饲料和其他农业用途等，真正完全遗弃可以用来转化为能源的数量较少，小于 862.9 万 t。然而，农作物废弃物上述的用途可以被其他材料轻易地替代。

日本木材废弃物年总产量为 5348 万 t，其中，废纸大约占 2/3，其年产量为 3063 万 t；其次为工厂木屑，其年产量为 1250 万 t；接下来则分别为树枝树干、打薄树木的废弃物和建筑废木，其相应的年产量分别为 363 万、345 万、327 万 t。由于目前大多数废纸可以充当卫生用纸和书籍用纸以及用于建筑材料，而工厂木屑可以用来制作固体燃料、刨花和相关农业应用，实际上遗弃的工厂木屑为 978 万 t。日本渔业废弃物年总产量规模相对较小，为 923 万 t，其中，绝大部分来自废弃的鱼类，其年产量为 800 万 t。从而，其实际可利用量也小于 852 万 t。对于日本餐饮业等产生的废弃物，其年总产量规模为 852.5 万 t，其主要为废浆污泥和动植物废弃物，分别为 490 万 t 和 313 万 t。

日本畜禽废弃物为废弃生物质中最大的部分，年总产量为 9011 万 t，其绝大部分为畜禽粪便，但畜禽废弃物主要被繁殖场回收利用，因而可用来转为化为能源的数额十分有限。而日本生活废弃物年总产生量为 4740 万 t，其由 3800 万 t 的固体废弃物和 940 万 t 的污水污泥组成，在现实中，生活废弃物并没有得到十分有效的利用，可用来转化为能源的数额小于 1666 万 t。总的看来，农作物废弃物、木材废弃物、畜禽废弃物和居民生活废弃物是日本生物质废弃物的四大主要组成部分。

（三）欧洲生物质发电发展

德国在欧洲生物质发电装机容量上处于前列地位，2018 年德国生物质发电装机容量约为 800 万 kW，发电量约为 510 亿 kW·h，占德国总发电量的 8%。德国注重沼气资源的开发，沼气发电装机容量约为 500 万 kW，发电量约为 330 亿 kW·h。

英国大力推进生物质发电项目建设。2018 年，英国的生物质发电装机容量达到 770 万 kW，增长了约 30%。英国也正在实施燃煤电厂改造工程，英国德拉克斯燃煤电厂作为欧洲最大的燃煤电厂正在计划改造成使用天然气和生物质燃料。英国政府对未来更多地使用清洁能源充满信心，计划在 2023 年前关闭境内的 12 座燃煤电厂，并且计划在 2025 年前全面关停境内燃煤发电厂，这将为生物质发电行业创造更多发展空间。

瑞典生物质能消费占其全国一次能源消费量的 36％，排名世界第一位。在瑞典，全国有超过 10 万个大中小型生物质供热站，绝大多数采用热电联产的模式，热效率通常在 80％以上，全国生物质供热量占其全部供热市场的 70％以上。

生物质能是丹麦最重要也是应用规模最大的可再生能源，2018 年丹麦全部热力消费中的 32％由生物质能提供，生物质发电在可再生能源发电中占比达到 55％。到 2030 年，丹麦生物质供热将占到全部热力供应的一半以上。

芬兰生物质能在总能源中占比达到 30％，各种可再生能源利用中，生物能源所占比例最大，占比约为 82％。目前，芬兰几乎所有的城镇和人口稠密地区均已实行集中供热。

6.3.3　国外生物质发电发展对中国的启示

我国生物质资源丰富，近年来在国家政策鼓励下，我国生物质发电增长快速，生物质发电核心技术装备全部实现国产化。未来生物质发电仍将作为国家可再生能源补贴政策支持的方向，生物质发电的环保属性进一步强化。结合国外生物质发电典型经验做法、中国资源禀赋等实际情况，需要进一步丰富生物质发电应用领域，在政策、行业监管、技术等多方面发力，推动生物质发电规模化发展。

（一）生物质发电重点应用领域

一是将生物质热电联产作为服务乡村振兴战略的重要推进方式。综合考虑资源利用技术和市场等因素的影响，未来 5～10 年生物质供热将在替代燃煤供热，特别是农村散煤采暖，补齐农村能源供应短板方面有较大的发展潜力。依托农村地区丰富的可就近利秸秆、畜禽粪便和林业剩余物等生物质资源，推进生物质热电联产，有利于中心村镇打造新农村综合能源站，实现生物质资源向商品源的转化，为农村电商、扶贫等产业提供电力和热力。生物质热电联产的综合热效率能达到 60％以上，远高于纯发效率（一般为 25％～35％），可以显著降低发电成本。

二是加强生物质发电与非电利用协同发展。生物质能是典型的"宜电则电、宜气则气，宜油则油"的可储存、可运输的高质量可再生能源。根据生物质类型、所在地的经济条件和环境条件等，选择合理的综合开发利用方式，实现生物质发电与生物质供热、供燃气和供液体燃料等非电利用的协同发展，将成为生物质开发利用的主要发展方向。

三是将生物质发电融入分布式能源系统，优化可再生能源发电质量与效率。生物质能可以在收、储、运、能源转换等各个环节进行人工干预和精确控制，不仅无须为其配置调峰服务，还可以增加系统的调峰能力，从而有效促进可再生能源与化石能源的融合，对打造多元化的分布式清洁能源体系有着极其重要的意义。此外，随着能源互联网和工业物联网技术的发展，生物质发电有望成为分布式能源系统的基础发电负荷，尤其是在农村地区，可实现区域资源分布式统筹利用与能源化转化，灵活匹配本地用能负荷，进一步优化可再生能源发电质量与效率。

（二）推进生物质发电相关建议

一是加强统筹协调，协同完善生物质能发展政策体系。建议将生物质能利用纳入国家能源、环保、农业发展总体战略，统筹协调，协同完善生物质能发展政策体系，充分发挥生物质能综合效益，推进生物质能开发利用。

二是研究制订新形势下生物质发电行业政策。依据地区经济发展情况，建立分区机制，研究探索中央财政补贴与地方财政补贴相结合模式，中西部以及经济欠发达地区适度提高中央财政补贴比例。同时，建议研究完善资源综合利用目录中鼓励使用的生物质原料范围。研究加大对生物质热电联产，特别是北方集中供暖补贴力度，并加快建立并完善热力等非电能源利用量的信息化统计政策。

三是加强行业监管，促进生物质发电行业高质量发展。建议加强对生物质发电项目建设和运行监管，完善数据统计体系，保障产品质量和安全，加强标准认证管理，做好环保监管，建立生物质能服务体系。加强工程咨询、技术服务等产业能力建设，支撑生物质能产业可持续发展。

四是加大技术进步支持力度，进一步提高能源利用效率。重点支持利用效率高且具有较大推广应用潜力的生物质能开发利用技术，特别是生物质发电相关技术，主要包括但不限于高效收、储、运装备，分布式发电多联产成套技术，以及高效内燃发电机组和小型燃气轮机发电机组等相关技术和装备。

6.4   国内外典型国家农村能源转型分析——中国篇

6.4.1   中国农村能源发展形势及区域发展特点

（一）中国农村能源发展面临的形势

农村能源是农业农村发展的物质基础，为农业生产能源供给的清洁高效、农村生态环境治理、农民生活条件改善提供有效支撑。2020年是脱贫攻坚决战决胜和全面建成小康社会之年，脱贫攻坚战完成后，在乡村振兴战略、新型城镇化建设等加快推进下，我国农村能源发展面临着新的机遇和挑战。

一是在乡村绿色发展要求下，农村可再生能源资源开发利用程度将逐步加强。目前我国农村可再生能源资源利用效率低，污染严重，不符合乡村绿色发展的要求，对农村生态和农民身心健康带来不利影响。如2018年，秸秆、薪柴等非商品能源消费量为1.11亿t标准煤，占农村生活能源消费总量的35.1%，但利用方式粗放，大部分是直接燃烧，利用效率低，产生大量烟尘，污染环境、加重雾霾。农村地区具有丰富的太阳能、风能、小水电等资源，但由于农村分布分散、农村居民对新能源技术认识不足等原因，造成农村地区新能源开发利用水平低，不利于农村地区清洁能源供应。实施乡村振兴战略是建设美丽中国的关键举措，实现乡村振兴，生态宜居是关键。生态宜居要求优化农村能源结构，加强农村能源清洁高效利用，推动可再生能源资源的开发和利用，减少环境污染，优化乡村生产生活环境。在乡村绿色发展要求下，将进一步推进我国农村地区可再生能源资源开发利用。

二是在城乡融合发展背景下，农村地区电气化水平将逐步提升。 目前我国农村和城镇地区人均生活用能量相当，但由于农村地区用能设备落后，农村能源商品化和优质化水平明显低于城市，农村能源消费中虽有电力、液化气、天然气等优质能源，但商品能源占比不足70％，传统生物质能源、劣质散煤利用总量大，特别是一些农业大省，以及脱贫摘帽的偏远地区，仍有大部分农户以秸秆、薪柴为燃料，带来人居环境脏乱差现象突出。《国家新型城镇化规划（2014－2020年）》提出建设安全可靠、技术先进、管理规范的新型配电网络体系，《乡村振兴战略规划（2018－2022年）》中提出要推进农村能源消费升级，大幅提高电能在农村能源消费中的比重，加快实施北方农村地区冬季清洁取暖，积极稳妥推进散煤替代。因此在城乡融合发展背景下，将进一步在农村地区开展居民电气化宣传推广，积极推广智能家居、节能家用电器、电动汽车等农村电气化建设，提升农村居民生活品质，保护农村生态环境。

三是在农村能源资源开发利用、能源消费升级推进下，农村能源基础设施将逐步完善。 长期以来，我国广大农村地区与城镇地区在基础设施建设方面存在着发展不均衡的现象，存在城乡二元制的问题。目前，除电力基础设施在农村地区较为完善外（农户通电率达到了100％，且电价稳定在较低水平），其他能源基础设施在农村未能全面普及，电网与天然气管网、热力管网等能源网络互补衔接不足。《乡村振兴战略规划（2018－2022年）》中提出要完善农村能源基础设施网络，加快新一轮农村电网升级改造，推动供气设施向农村延伸。随着我国农村地区可再生能源资源开发利用，以及农村能源消费水平的逐步提升，我国农村能源开发和消费转型将进一步推动我国农村能源基础设施的建设。

四是在乡村振兴和城乡一体化建设下，农村能源社会化服务能力将逐步提升。 长期以来，农村能源管理职能分散在各个部门之间的联动、合作机制较弱，资金投入也较为有限，管理手段仍沿袭旧的方式，缺少技术和市场相结合的创新机制。在能源资源评价、技术标准、产品检测和认证等方面，体系不完善，人才队伍等也不能满足市场快速发展的需要，绿色能源示范县等清洁能源利用创新示范项目迟滞不前。截至 2018 年底，由政府财政支持、具有公共服务的农村能源服务站点只覆盖了 2842 万户，按平均每户人口 4 人，则大约 1.1 亿人，仅占农民总数的 21%。当前在农村能源管理上，还没有形成一套可持续发展的完善市场激励机制和技术服务体系，来适应建立城乡一体化能源供应体系及清洁能源发展需要。在乡村振兴战略实施、城乡一体化建设等背景下，我国农村能源社会化服务体系建设将逐步完善。

（二）中国农村能源发展的区域特点

根据不同地区的气候条件、农村能源资源条件、用能需求等因素，我国农村生活用能可以划分为 4 个区域，分别是华北平原寒冷地区，东北、西北等严寒地区，华南和长江中下游地区，西南四季温和地区，**每个区域的能源资源特点和用能结构各具特点。**

华北平原寒冷地区：农村生活用能以煤、电力为主，两者超过本区用能总量的 60%，如图 6-11 所示。商品化程度较高，煤、天然气和煤气的利用量在全国四大区中均居首位。非商品能源利用以秸秆、薪柴为主，利用量分别占本区非商品能源利用总量的 41% 和 30%。

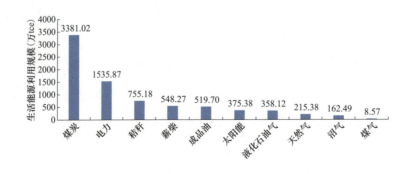

图 6-11　华北平原寒冷地区农村生活能源利用构成及数量（2017 年）

东北、西北等严寒地区：农村生活用能中煤、秸秆和薪柴常规能源利用比例占 4/5 以上，如图 6-12 所示。商品化能源利用量稍高于非商品能源利用量，分别占 53％和 47％。非商品能源利用以秸秆、薪柴为主，利用量分别为 713.3 万和 525.8 万 tce，占 52％和 38％。

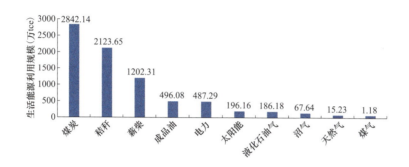

图 6-12　东北、西北等严寒地区农村生活能源利用构成及数量（2017 年）

华南和长江中下游地区：农村生活用能以煤炭、电力和薪柴为主，电力、液化石油气、薪柴和沼气消费量为全国各区最高，如图 6-13 所示。商品化能源利用以油品和电力为主，分别占 39％和 31％。非商品能源利用以薪柴和秸秆为主，利用量分别为 2343.7 万和 1346 万 tce，占 52％和 30％。

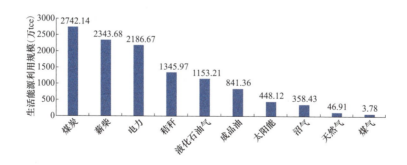

图 6-13　华南和长江中下游地区农村生活能源利用构成及数量（2017 年）

西南四季温和地区：农村生活用能以煤炭和薪柴为主，占该区域农村生活能源利用总量的 64％，如图 6-14 所示。商品能源利用以煤为主，占 64％。非商品能源利用以薪柴为主，利用量为 1500 万 tce，占 65％。

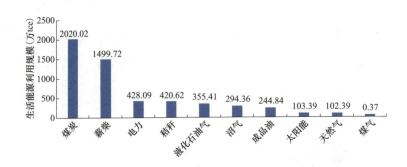

图 6‑14　西南四季温和地区农村生活能源利用构成及数量（2017 年）

6.4.2　中国典型县农村能源转型案例分析

（一）能源发展现状

在能源供应方面，该县无一次能源供应能力，具有少量的可再生能源供应。煤炭方面，该县本地煤炭储备量很少，"十三五"期间本地煤炭生产量为零，未来也将依赖于外地煤炭输入。天然气方面，该县目前尚未具备本地生产天然气条件，依靠外来天然气气源，主要以液化石油气（LPG）和管道天然气为主。拥有一家管道天然气企业，已安装天然气用户 17 033 户，点火通气用户 11 254 户。有 8 家石油液化气经销商（充装气站），年销售量为 5800t。成品油方面，该县目前尚未具备本地成品油生产条件，依靠外来油。目前为止，全县有 46 个加油站，其中中国石化 19 座，中国石油 4 座，民营 23 座。据统计，2019 年全县成品油销售 77 462t，其中汽油 42 884t，柴油 34 638t。电力方面，该县本地已建小水电、光伏发电、生物质发电，总体供应量较小，正在推进装机容量为 2×66 万 kW 的火力发电厂、50MW 的风电场。农村沼气方面，全县累计建户用沼气池 3.6 万座，使用人数占全县农户数的 26％。在生猪规模养殖基地建设 1000m³ 以上大型沼气工程 13 处，全县乡村沼气服务网点建设 35 处，对沼气池的后续服务提供了保障。

在能源消费方面，**2018 年该县能源消费量为 116.85 万 t 标准煤，同比**

增长 **5.7%**。2018 年，该县一、二、三产业能源消费总量分别为 2.35 万、86.6 万、16.2 万 t 标准煤，生活能源消费总量为 11.7 万 t 标准煤，其中城镇和乡村生活能源消费量分别为 4.47 万、7.23 万 t 标准煤。**从能源消费品种来看，主要为煤、电力、石油和天然气**。2018 年，该县能源消费中煤消费量为 95.54 万 t，电力消费量为 13.24 亿 kW·h，石油消费量为 8.32 万 t，天然气消费量为 0.1 亿 m³，薪柴消费量为 0.45 万 t，沼气消费量为 0.01 万 m³。

（二）能源资源情况

该县具有较为丰富的水电、太阳能、生物质和风能资源，具有较大的开发潜力。根据资料调研收集，该县能源资源情况如表 6-9 所示。

表 6-9　　　　　　　　　　能 源 资 源 情 况

水能资源		资源总量（MW）	7
风能资源		资源总储量（MW）	400
太阳能资源		可开发量（亿 kW·h/年）	13.5
地热能资源		资源总量（万亿 kJ）	0
生物质资源	生活垃圾	年产生量（万 t/年）	5.4
		年收集量（万 t/年）	10
	秸秆	种植面积（万亩）	63.4
		主要农作物产量（万 t）	23.6
		年产生量（万 t/年）	23.6
		年收集量（万 t/年）	23
	畜禽粪便	养殖场（个）	10
		养殖规模［头（只）］	200 000
		年产生量（万 t/年）	40
		年收集量（万 t/年）	10
化石能源	煤炭	资源总储量（万 t）	1008.6
	石油	资源总储量（万 t）	0
	天然气	资源总储量（万 m³）	0

（三）能源发展面临的问题和挑战

近几年，虽然该县能源产业发展成效明显，但也发现了一些存在的问题，主要体现在能源资源自给率过低、能源网络基础设施较为薄弱、能源利用清洁化不足、能源消费结构不合理等方面。

一是能源资源自给率过低，电、气、油等能源需求基本依靠外部输入。根据收资材料，该县能源自给率过低，对外依存度逐年上升。2015－2019 年该县煤炭、石油、天然气、地热等能源生产量均为零，仅有少量的小水电、光伏发电和生物质发电，难以满足该县能源消费需求。如 2019 年该县全社会用电量为 15.73 亿 kW·h，而当地年发电量仅为 81.55MW·h，大部分电力需要从省级主网调入。

二是电网、气网等能源网络基础设施较为薄弱。在电网方面，该县农村地区电力保障能力与日益增长的用电需求不相适应，贫困地区以及偏远少数民族地区电网建设相对滞后，供电可靠性保障程度低，低电压用户多。**在天然气方面，**天然气管网建设进度滞后，目前仍以液化天然气（LNG）为气源，保供能力差，用气成本高。建设不到 10 年左右的商业中心和居民小区因建设时未考虑预留燃气基础设施利用空间而迅速凸显出"功能性老化"的缺陷，燃气利用规划和城市发展规划对接不到位，燃气基础设施建设预留空间不足，直接影响着居民的生产生活和城市持续健康稳定发展。

三是清洁能源利用率相对较低。该县虽然拥有丰富的清洁能源资源，但目前能源利用仍以煤、油等传统能源为主，清洁能源发展相对落后。风电、光伏等新能源推广应用规模小，目前仅有 36.363MW 的光伏扶贫项目。生物质能源利用形式单一，主要利用方式是 2018 年建设投产的容量为 12MW 的生活垃圾焚烧发电厂，以及农村地区以化肥为主的秸秆利用。

四是能源消费中化石能源占比较大。该县能源消费中，煤炭和石油等化石能源占比较大，2018 年，该县能源消费中煤炭消费量为 95.54 万 t，石油消费量为 8.32 万 t，占能源消费总量的 80.5%，对当地生态环境产生较大压力。

(四) 能源转型路径研究

结合该县能源供应和消费现状及问题、能源资源禀赋、经济社会发展水平及趋势等因素，能源转型路径分析如下：

一是加快能源基础设施建设，提高能源稳定、可靠和有效供给能力。加快推进该县正建设中的电源项目，保障按时高质量完成项目建设，提高该县电力供应保障能力。加强农村电网改造升级，开展农村电网标准化建设改造，优化设备序列，简化设备类型，重点解决设备老旧及家族性缺陷问题，提升线路绝缘化比例，加快改造高损耗配电变压器。采用集中式馈线自动化系统，加快配电自动化建设，优先实现县城及产业集聚区全覆盖，逐步覆盖乡镇地区，实现配电自动化全覆盖率 100％。加快天然气管网建设，配合做好省天然气管网工程建设等工作，确保西气东输与省、市同步通气；支持具备条件的乡镇建设天然气管道，2022 年天然气管网长度达到310km，敷设延伸至 6 个乡镇，2025 年天然气管网长度将达到 320km，覆盖 10 个乡镇。

二是利用县内较为丰富的清洁能源资源优势，推动绿色低碳清洁能源开发利用。该县光伏发电年有效时间达到 1624h 以上，拥有较为丰富的荒山、荒坡、河滩等未利用的土地及屋顶资源，可开展光伏发电开发建设，探索"光伏＋"应用工程；另外，需关注光伏扶贫电站运维，确保贫困村光伏扶贫电站收入成为村集体长期稳定的收入来源。结合该县风能资源分布情况、2021－2025 年土地利用总体规划以及电网接入条件等，按照集中开发和分散发展并举的原则，推进风电有序快速健康发展。该县具有丰富的生物质资源，其中生活垃圾年收集量为 10 万 t/年，秸秆年收集量为 23万 t/年，畜禽粪便年收集量为 10 万 t/年，为充分开发利用信丰县生物质资源，可开展沼气工程、秸秆成型燃料、秸秆热解气化等应用模式，提高生物质能源化利用水平。

三是开展能源先进技术推广应用，打造绿色能源循环系统建设。加快数字化、网络化、智能化技术在能源领域的融合应用，打造"能源云"，不断提升能源系统资源配置效率。建设区域能源互联网大数据中心，配套建设储能系统、智能微电网和能管中心，涵盖电气工程、智能化管理系统、供配电系统等。开展综合能源利用示范建设，支持高新区规划建设绿色能源循环经济产业园，利用余热余压废热资源，推行热电联产、分布式能源、充电基础设施及储能一体化系统应用，建立能源梯级利用和多元化供给新业态，提高能源供需协调能力和综合利用效率。

四是通过多种方式，促进乡村电气化水平提升。进一步推广采用电磁炉、微波炉、电饭煲等电炊具替代厨炊散烧用煤（柴），不断提高农村居民生活电气化水平，降低农村散煤使用和秸秆使用比重，倡导"零排放"生活，推进能源消费清洁化，优化农村家庭能源消费结构。在办公建筑、学校餐厅推广大功率电磁炉、电炒锅。在公共事业食堂试点推广应用大功率电磁炉、电炒锅，实现对燃煤替代。通过打造分布式新能源及充电桩等基础设施，推进电动汽车、智慧能源服务系统向乡村地区延伸，服务乡村电动汽车便捷出行，为乡村绿色交通出行提供根本保障。在人流密集的旅游景区大力推广电能替代、节能环保技术，建设绿色环保型"全电景区（民宿）"。

五是推进构建能源市场体系，降低用能成本。建设统一开放、竞争有序的能源市场体系，提高电力市场化水平。积极推进各类市场主体参与电力市场化交易，扩大市场主体范围，进一步提高市场化交易电量规模，有效降低企业用电成本，不断提升实体经济发展活力。进一步提升"获得电力"服务水平，压减办电时间、简化办电流程、降低办电成本、提高用电可靠性，持续优化营商环境。

6.4.3　促进中国农村能源转型的相关建议

一是因地制宜充分利用当地丰富的可再生能源资源。我国农村不同地区气候条件、能源资源禀赋、能源供应和消费现状、经济社会发展水平等情况不同，生活习惯和住宅类型也不尽相同，在农村不同地区应充分考虑当地的资源条件和人们的生活习惯，因地制宜地推广应用不同的能源技术，促进当地农村能源转型发展。

二是积极发展能源农业，谋求能源、农业和生态的多赢。积极发展能源农业，开发农村生物质能产业，打造"绿色油田"和"绿色煤田"，替代对传统化石能源的需求，争取实现农村能源的"自给自足"。有目的地生产生物质能含量大、利用价值高的农作物，并通过现代技术手段将凝结在农作物以及农业副产品、剩余物、废弃物等中的生物质能开发出来，将其转化为可直接利用的能源。发展能源农业，既可以充分利用生物质能，又不用破坏环境，实现能源、农业、生态的多赢。

三是积极发挥试点示范作用。优先选择具有工作有基础、种养殖规模较大、有电气改造升级需求、地方有积极性等要素的省份，开展农村能源综合试点示范工作。以省（市）、县、乡镇各自侧重、职责划分等为基础，开展相关试点示范。省（市）层面开展农村能源基础数据摸底调查工作，进行数据统计和分析，为下级试点单位提供数据决策支撑；县级层面结合城镇化、美丽乡村、产业布局等要求，开展农村能源开发利用规划布局；乡镇层面根据当地资源、用能需求等特点，因地制宜地进行关键技术、商业模式的试点工作。

四是加强地区能源工作的组织管理。当地（县）能源主管部门要建立重大任务协同推进机制、重大政策协同研究机制、重大项目协同服务机制，发挥行政管理、政务服务整体效能。加强能源发展规划与土地利用、环境保护、城乡建设、交通运输等规划的衔接，促进能源项目协调布局，顺利落地。通过规划、政策相互衔接和部门之间相互配合，促进用地集约、环境改善、能源发展。

附录1 缩略语及名词解释

EU：欧洲联盟。由欧洲共同体（又称欧洲共同市场，简称欧共体）发展而来的，是一个集政治实体和经济实体于一身、在世界上具有重要影响的区域一体化组织。现有成员国 28 个，包括法国、德国、意大利、荷兰、比利时、卢森堡、丹麦、爱尔兰、英国、希腊、西班牙、葡萄牙、奥地利、芬兰、瑞典、塞浦路斯、捷克、爱沙尼亚、匈牙利、拉脱维亚、立陶宛、马耳他、波兰、斯洛伐克、斯洛文尼亚、保加利亚、罗马尼亚、克罗地亚（2013 年 7 月 1 日加入）。

OECD：经济合作与发展组织。成立于 1961 年，总部设在巴黎，由市场经济国家组成的政府间世界经济组织，旨在共同应对世界化带来的经济、社会和政府治理等方面的挑战，并把握世界化带来的机遇。目前成员国总数 34 个，包括澳大利亚、奥地利、比利时、加拿大、捷克、丹麦、芬兰、法国、德国、希腊、匈牙利、冰岛、爱尔兰、意大利、日本、韩国、卢森堡、墨西哥、荷兰、新西兰、挪威、波兰、葡萄牙、斯洛伐克、西班牙、瑞典、瑞士、土耳其、英国、美国、智利、爱沙尼亚、以色列、斯洛文尼亚。

IEA：国际能源署。总部设于法国巴黎的政府间组织，由经济合作发展组织为应对能源危机于 1974 年 11 月设立。国际能源署致力于预防石油供给的异动，同时也提供世界石油市场及其他能源领域的统计情报。现有成员国 29 个，包括澳大利亚、奥地利、比利时、加拿大、捷克、丹麦、爱沙尼亚、芬兰、法国、德国、希腊、匈牙利、爱尔兰、意大利、日本、韩国、卢森堡、荷兰、新西兰、挪威、波兰、葡萄牙、斯洛伐克、西班牙、瑞典、瑞士、土耳其、英国、美国。

OPEC：石油输出国组织。成立于 1960 年 9 月 14 日，1962 年 11 月 6 日欧佩克在联合国秘书处备案，成为正式的世界组织。其宗旨是协调和统一成员国的石油政策，维护各自的和共同的利益。现有成员国 11 个，包括沙特阿拉伯、伊拉克、伊朗、科威特、阿联酋、卡塔尔、利比亚、尼日利亚、阿尔及利亚、印度尼西亚、委内瑞拉。

IAEA：国际原子能机构。一个同联合国建立关系，并由世界各国政府在原子能领域进行科学技术合作的机构，总部设在奥地利的维也纳。任何国家不论是否为联合国的会员国或联合国专门机构的成员国，经机构理事会推荐并由大会批准入会后，交存对机构《规约》的接受书，即可成为该机构的成员国。现有成员国 153 个。

IMF：国际货币基金组织。根据 1944 年 7 月在布雷顿森林会议签订的《国际货币基金协定》，于 1945 年 12 月 27 日在华盛顿成立，总部设在华盛顿。IMF 与世界银行并列为世界两大金融机构，其职责是监察货币汇率和各国贸易情况，提供技术和资金协助，确保世界金融制度运作正常。

WB：世界银行。世界银行是世界银行集团的俗称，是联合国系统下的多边发展机构，包括国际复兴开发银行（IBRD）和国际开发协会（IDA）等五个机构。WB 不是一个常规意义上的银行，而是一个以减少贫困和支持发展为使命的独特的合作伙伴机构，成立于 1944 年，总部设在美国华盛顿特区。

WEC：世界能源理事会。成立于 1924 年，原名世界动力会议，1968 年改名为世界能源会议，1990 年更名为世界能源理事会。总部设在英国伦敦。现有 91 个国家和地区委员会。

EIA：美国能源信息管理局。成立于 1977 年，隶属美国能源部，总部设在华盛顿特区，是美国国会设立的能源统计机构。

IEEJ：日本能源经济研究所。成立于 1966 年 6 月，旨在从世界经济整体角度针对能源领域开展研究活动，通过客观分析能源问题，为政策制定从基础数据、信息和报告等方面提供依据。1984 年 10 月，能源数据和模型中心（EDMC）作为 IEEJ 的附属机构成立，承担了能源数据库的开发，各种能源模型的建立和能源经济性分析。1999 年 6 月，EDMC 并入 IEEJ 作为其下属的一个部门。

附录 2　主要国家能源与电力数据

附表 2-1　　　　　　　　世界主要国家人口　　　　　　　万人

排序	国家	2010 年	2014 年	2015 年	2016 年	2017 年	2018 年	2019 年
1	中国	134 091	136 782	137 462	138 271	138 398	139 538	140 017
2	印度	119 052	125 970	129 234	130 935	133 918	133 422	135 177
3	美国	30 973	31 905	32 108	32 330	32 552	32 735	32 927
4	巴西	19 495	20 277	20 447	20 610	20 929	20 849	20 996
5	俄罗斯	14 290	14 370	14 346	14 344	14 423	14 680	14 673
6	日本	12 805	12 706	12 698	12 690	12 664	12 649	12 619
7	德国	8175	8110	8169	8273	8240	8290	8297
8	英国	6226	6451	6511	6557	6597	6643	6687
9	法国	6277	6392	6434	6461	6714	6472	6482
10	意大利	5919	5996	6080	6067	6060	6048	6036

资料来源：IMF，World Economic Outlook Database. April 2020。

附表 2-2　　　　　　世界 GDP 排名前十国　　亿美元，（按汇率计算）现价

排名	国家	2018 年	2019 年
1	美国	205 803	21 4395
2	中国	133 681	141 402
3	日本	49 718	51 545
4	德国	39 513	38 633
5	印度	27 187	29 356
6	英国	28 288	27 436
7	法国	27 802	27 071
8	意大利	20 759	19 886
9	巴西	18 678	18 470
10	加拿大	17 125	17 309

资料来源：IMF，World Economic Outlook Database. April 2019。

附表 2-3　　　　　世界一次能源消费前十国　　　　　亿 tce

排序	国家	2015 年	2017 年	2018 年	2019 年
1	中国	42.77	44.63	46.32	48.34
2	美国	31.44	31.50	32.61	32.29
3	印度	9.81	10.69	11.36	11.62
4	俄罗斯	9.60	9.85	10.25	10.17
5	日本	6.47	6.44	6.43	6.37
6	加拿大	4.77	4.81	4.90	4.85
7	德国	4.57	4.70	4.58	4.48
8	巴西	4.17	4.12	4.14	4.23
9	韩国	4.05	4.22	4.28	4.22
10	伊朗	3.49	3.86	4.04	4.21

资料来源：BP，Statistical Review of World Energy 2020。

附表 2-4　　　　　世界能源生产国前十名（2019 年）

煤　炭		石　油		天然气	
国家	亿 t	国家	亿 t	国家	亿 m^3
中国	38.46	美国	7.47	美国	9209
印度	7.56	俄罗斯	5.68	俄罗斯	6790
美国	6.40	沙特阿拉伯	5.57	伊朗	2442
印度尼西亚	6.10	加拿大	2.75	卡塔尔	1781
澳大利亚	5.07	伊拉克	2.34	中国	1776
俄罗斯	4.40	中国	1.91	加拿大	1731
南非	2.54	阿联酋	1.80	澳大利亚	1535
德国	1.34	伊朗	1.61	挪威	1144
哈萨克斯坦	1.15	巴西	1.51	沙特阿拉伯	1136
波兰	1.12	科威特	1.44	阿尔及利亚	862

资料来源：BP，Statistical Review of World Energy 2020。

附表 2-5　　　　　　　　世界主要国家单位产值能耗　toe/千美元，2015 年不变价

排　序	国　　家	单位产值能耗	
		2017 年	2018 年
1	俄罗斯	0.524	0.534
2	印度	0.362	0.353
3	中国	0.244	0.239
4	加拿大	0.182	0.18
5	韩国	0.181	0.177
6	巴西	0.165	0.161
7	美国	0.114	0.114
8	法国	0.098	0.096
9	日本	0.096	0.094
10	德国	0.088	0.084

资料来源：IEA，World Energy Balances 2020。

附表 2-6　　　　　　　　　世界主要国家装机容量　　　　　　　　万 kW

排　序	国　　家	装机容量	
		2017 年	2018 年
1	中国	178 451	190 012
2	美国	110 033	119 113
3	印度	39 743	40 984
4	日本	33 970	34 487
5	俄罗斯	26 922	27 424
6	德国	21 533	22 920
7	巴西	15 769	16 389
8	加拿大	14 737	14 868
9	法国	13 309	13 346
10	韩国	12 295	12 748

资料来源：IEA，Electricity Information 2020；中国数据来源于中国电力企业联合会；印度、俄罗斯、巴西来源于 GlobalData。

附表 2 - 7　　世界主要国家电力消费量　　亿 kW•h

排序	国家	电力消费量	
		2017 年	2018 年
1	**中国**	**63 636**	**69 002**
2	美国	41 166	42 888
3	印度	12 582	13 094
4	日本	10 306	10 128
5	俄罗斯	9784	9994
6	加拿大	5654	5721
7	韩国	5481	5719
8	德国	5742	5678
9	巴西	5281	5384
10	法国	4832	4804

资料来源：IEA，World Energy Balances 2020；中国数据来自中国电力企业联合会。

附表 2 - 8　　世界主要国家人均装机容量及人均用电量（2018 年）

排序	国家	人均装机容量（kW）	排序	国家	人均用电量（kW•h）
1	加拿大	4.01	1	加拿大	15 438
2	美国	3.64	2	美国	13 098
3	德国	2.76	3	韩国	11 082
4	日本	2.73	4	日本	8010
5	韩国	2.47	5	法国	7141
6	法国	1.98	6	俄罗斯	6917
7	俄罗斯	1.90	7	德国	6848
8	中国	1.36	8	中国	4906
9	巴西	0.78	9	巴西	2570
10	印度	0.30	10	印度	968

资料来源：IEA 统计数据。

参 考 文 献

［1］ IEA. Energy Balances of World 2020 ［R］. Paris，2020.

［2］ IEA. Energy Statistics of World 2020 ［R］. Paris，2020.

［3］ IEA. Electricity Information 2020 ［R］. Paris，2020.

［4］ IEA. Energy Prices and Taxes 2020 ［R］. Paris，2020.

［5］ IEA. CO$_2$ Emissions from fuel combustion 2020 ［R］. Paris，2020.

［6］ IEA. Key World Energy Statistics 2020 ［R］. Paris，2020.

［7］ IEA. World Energy Outlook 2019 ［R］. Paris，2019.

［8］ EIA. International Energy Outlook 2019 ［R］. USA，2019.

［9］ IEA. Monthly oil，Gas and Electricity Survey Archives ［R］. Paris，2020.

［10］ BP. BP Statistical Review of World Energy 2020 ［R］. London，June，2020.

［11］ EIA. Annual Energy Review 2020 ［R］. USA.

［12］ ENTSO‐E. Statistical Factsheet 2019 ［R］. Brussels，Belgium，June，2019.

［13］ SAPP. Annual Report 2019 ［R］，Southern African，2019.

［14］ Global Trends in Renewable Energy Investment 2019 ［R］. UNEP&BNEF，2020.

［15］ 刘振亚：中国电力与能源 ［M］. 北京：中国电力出版社，2012.

［16］ 中国电力企业联合会 . 2017 年电力工业统计资料汇编 ［R］. 北京：中国建材工业出版社，2017.

［17］ 国家统计局，国家能源局 . 中国能源统计年鉴 2018 ［R］. 北京：中国统计出版社，2018.

［18］ 国家电网有限公司发展策划部，国网能源研究院 . 世界能源与电力统计手册（2018版）［R］. 北京：中国电力出版社，2018.

［19］ 国网能源研究院 . 世界能源与电力发展状况分析报告（2019）［R］. 北京：中国电力出版社，2019.

［20］中国石油集团经济技术研究院．2019 年国内外油气行业发展报告［R］．石油工业出版社，2019．

［21］国家统计局．2020 中国统计年鉴［R］．北京：中国统计出版社，2020．

［22］国家电网有限公司．国家电网有限公司 2019 社会责任报告［R］．北京：中国电力出版社，2019．